子どもが
“自分の絵”に
大満足！

オンライン図工授業

見ながら描けるシナリオ3＋動画15

森本和馬 著

学芸みらい社
GAKUGEI MIRAISHA

まえがき

　以前、校舎の絵を描く授業をした時のことです。1人の子が来て言いました。
「私、絵が上手に描けません…」
校舎の絵なんてとても描けないと言うのです。私は
「大丈夫。先生が描き方を教えるからね。」
と励ましました。それでも不安は消えないようでしたが、授業を始めました。
　初めは時計、次はその周り、次はその横の部分というふうに描き方を教えていきました。そして「よく描けているよ」、「すごい！上手！」と褒め続けました。
　するとその子は、少しずつ自信をもって描けるようになり、最後には1人で描き進められるようになりました。
　うっとりするくらい素晴らしい絵を描き上げ、次のような感想を書いてくれました。
「上手に描けてよかったです。上手に絵を描くコツも知れてよかったです。
先生教えてくださり、ありがとうございました。」

> **子どもたちは描き方を学ぶことで、自信をもって描けるようになる。**

　これは、私がこれまでの実践を通して得た実感です。

　私は酒井式描画指導法（以下、酒井式）を学んできました。
　酒井式を実践していると、上で紹介したような事実が次々と生まれます。
　子どもたちは自分の絵に大満足し、保護者は子どもが描いた絵を見て目を丸くします。手応えのある授業を通して、教師である私も自信を付けることができました。

　さて、本書のテーマは「オンライン図工授業」です。

> **酒井式のシナリオはオンライン授業にも必ず通用する。**

こう考え、酒井式をオンライン授業に落とし込んでみました。

　もちろん、これまでやっていた対面授業を、そのままオンライン授業で行うことはできません。

　オンライン授業ならではの工夫が必要です。

　例えば、絵を描いて見せる時、対面授業であれば教卓の周りに子どもたちを集めることができます。

　ところが、オンライン授業（同期型）の場合はそうはいきません。

　そこで絵を描いている教師の手元をカメラで写します。

　もちろんただ写すだけでは不十分です。

　「子どもたちがどのように画面を見ているか」を意識して、カメラや照明の位置、画角などを工夫する必要があります。

　他にも、目線や笑顔、コンテンツの見せ方などさまざまなポイントをおさえることで、子どもたちが安心して受けられる授業になります。

　本書は、これらの工夫の仕方やおさえるべきポイントをたくさん紹介しています。絵の描き方を学べる動画も満載です。

　「同期型授業（リアルタイムに教師と子どもたちとがつながって行う授業）」についての章では、おすすめのシナリオや実践する際のポイント、環境設定等について述べました。すぐに使えるテキストも３種類用意しました。

　「非同期型授業（子どもたちが好きな時にコンテンツを見ながら学ぶ授業）」についての章では、１つのシナリオにつき６つの動画を収録しました。ＱＲコードを読み取ることで、いつでもどこでも自分のペースで絵を描くことができます。

　これらの動画やテキスト等は、ふだんの授業でも活用できます。また、ぜひ教材研究の材料としてもお使いください。

　本書が皆様のお役に立つことを心から願っています。

2022 年 8 月

森本和馬

この本の活用法について "ひとつの提案"

酒井臣吾

　この本は読んでもらうために書いたものではありません。やってもらうために書いたものです。そこでどんな順序でどう進めたらいいか私の試案を示してみます。とても簡単なやり方です。

　一応目を通していただいて、このやり方でやってみたいと思う方は是非、楽しみながらやっていただくとうれしいです。

　まず25頁から始まるレッスン1の下方にあるQRコードを読み取って動画を1回見ましょう。次にB5程度のコピー用紙に鉛筆かペンを用意して動画を見ながら描き進めてみてください。

　それだけで何か手ごたえを感じますから、以下レッスン4まで同じことをくり返してみてください。かなり大変だったでしょう。

　しかし、これだけであなたは酒井式描画指導法の中のメインである「人物の描き方」の基礎基本を体験できたわけです。体験できたばかりでなく、レッスン5を描くことで、他のテーマで描くことができそうだぞと思えるようにもなったかと思います。

　全ては、たった4つのQRコードを読み取って動画を見たおかげであったのです。それだけの力のある動画なのです。

　次にあと1つだけ私の提案を聞いてください。

　97頁を開くと、「動画のURLとQRコード」があります。ここには「巨大シャボン玉」のダイジェストと第1幕から第5幕までのQRコードがあります。

　これは描く必要はありません。映画でも鑑賞する気分で気楽に見ていただければ十分です。これは森本氏の大変な苦労の末に完成できた動画です。たったの24分ですが。その中にはシナリオのテーマから小さな技術までギッシリと詰まっています。それなのに大変分かりやすいのです。森本氏の奥様のナレーションも要点をしっかりとらえて爽やかです。アッという間に24分が過ぎてしまう感じが

4

します。

その気分のまま次の動画に移ります。これは「木のある風景」です。木の幹と枝を描くテクニック、クレヨンのデリケートな使い方も細部まですっきりと見えます。最後に空と雲を入れるシーンで美しい風景が現われて思わずうっとりです。

さてもう1つだけ推薦させてください。109頁の「恐竜とお散歩」です。これは切り貼り法の典型的なシナリオですが、特に恐竜の部分を切り抜いたものをバラバラから自分の好きな形に並べ換えるシーンがすてきです。このようなシーンを子どもたちが個別の端末で見るのを想像しただけでも楽しくなります。

私のおせっかいな提案はこれで終わります。

あとは、全く読まなくとも十分にモトは取れたのですから。

ただ、この中のシナリオを実際に子どもたちに実施することになったらどうするか？となると話は変わります。大切なことは3点です。

第一にまず動画を見ましょう。何度見てもいいです。自分の体に叩き込むくらい気合いを入れて見ましょう。第二に自分で最低3枚は描いてみましょう。自分で描けば描く程、子どもたちに優しくなれます。第三に制作中にできるだけ沢山子どもたちを褒めましょう。

そうすれば勝利は確実にあなたの頭上に輝きます。

目次

I章　オンライン授業で使える酒井式テキスト

1 絵の描き方をしっかり教える！テキストを使った絵の教え方

2 酒井式「手の描き方」テキスト

3 酒井式「動きのある人物の描き方」テキスト

Ⅱ章　1人1台端末＝図工授業をアップデート
～酒井式描画指導法の新時代～

Ⅲ章　図工でオンライン授業→押さえたい2

1 どの子も満足する作品を描ける！図工授業のポイント

2 オンライン図工授業のための環境設定

Ⅳ章　同期型授業づくり→おすすめシナリオ

1 酒井式「3びきのこぶた」（低中学年向け）

2 酒井式「ブレーメンの音楽隊」（全学年向け）

3 酒井式「花火を見たよ」（全学年向け）

V章　非同期型授業づくり→動画を見ながら描く

1 先生、子ども、家庭のニーズに合わせて動画を活用！動画を使った絵の教え方

2 酒井式「巨大シャボン玉」（中高学年向け）

❸ 酒井式「木のある風景」（中高学年向け）

❹ 酒井式「恐竜とお散歩」（低中学年向け）

❺ 撮影から編集までを解説！動画撮影と編集のポイント

付章 Q&A

絵の描き方をしっかり教える！
テキストを使った絵の教え方

テキストの内容

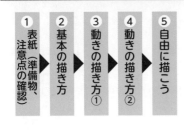

　本書で紹介するテキストは、どれもおよそ左のような流れで作成してあります。まずは基本の描き方を覚え、次に動きを表す練習をし、最後は自由に描きます。

　見本や動画も用意してあるので、安心して練習を進められます。

オンライン授業に活用する

　このテキストはオンライン授業に活用していただけます。

　テキストを１つずつ進めていくことで描き方を覚えることができます。

　描いている途中で子どもたちの絵を確認し、褒めたりアドバイスをしたりしてください。「子どもたちの絵を褒めるポイント」を参考に、子どもたちをたくさん褒め、励ましてください。

　子どもたちにとって、新しい描き方を覚えるのは大変なことです。褒め、励ましながら楽しく進めてください。

テキストを印刷して、ふだんの授業に活用する

　テキストをコピーして配付すれば、教室の授業でも活用することができます。「隙間時間」にも活用することができます。人物の動きや手などの描き方を覚えると、いろいろな絵を描く時に役立ちます。

ご家庭で、夏休みの課題に取り組むときのアイデアに…

　夏休み、絵の課題に困っているご家庭にもぴったりです。

　テキストを使って、描き方を覚えると、自信をもって課題に取り組めます。

　親子でいっしょに楽しく描いてみてください。

2 酒井式「手の描き方」テキスト

テキストを使って練習し、「手の描き方」のコツをつかもう

1　準備物

「手の描き方」テキスト、黒マジック（または鉛筆）

2　指導計画

レッスン1　パーをかこう

レッスン2　チョキをかこう

レッスン3　グーをかこう

レッスン4　いろいろなポーズをかこう

3　酒井式「手の描き方」のポイント

酒井式「手の描き方」は、まず円（まる）を描くことから始めます。

その円に指を描いていきます。「関節があること」、「親指だけは他の指とは違う方向に向いていること」を説明しながら教えていきます。さらに、指のしわや爪などを丁寧に描くことで、手の感じがよく出てきます。

手をしっかり描くことができると、人間全体の存在感もよく出てくるようになります。繰り返し描いて練習し、コツをつかんでください。

なお、この練習帳は「酒井式描画教材　わくわく絵のれん習ちょう（正進社）」をもとに作成しました。

レッスン１　パーをかこう

　まず、手は「手のひら」と「5本の指」に分かれていることを確認します。右のように、マジックで手のひらに丸を描いて見せると、そのことを視覚的につかませることができます。次に、「親指とその他4本の指の向きが違うこと」を確認します。これらのことをふまえて、子どもたちに描いて見せてください。指のしわや爪、指のふくらみやへこみなどを描くと、手の感じがよく出てきます。

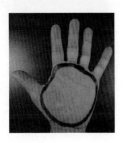

　手のひら側と手の甲側の両方を描きます。

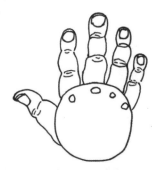

レッスン２　チョキをかこう

　指を動かします。レッスン1の内容を活かして描きます。
　ここで難しいのは、指を曲げて描くことです。爪やしわなどもくわしく描きます。見本をまねして描きながら、コツをつかんでください。

レッスン3　グーをかこう

すべての指を曲げて、グーの形を描きます。親指とそれ以外の指の向きの違いに気を付けて描きます。

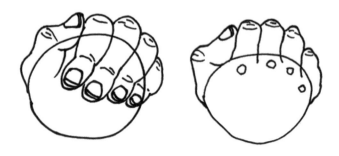

レッスン4　いろいろなポーズをかこう

指を曲げたり伸ばしたりして、好きなポーズを描きます。
まずは、見本のまねをするところから始めてください。

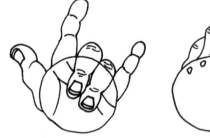

子どもたちの絵を褒めるポイント
1. 親指とその他4本の指の向きが違うことを表すことができた。
2. 関節を描くことができた。
3. 爪やしわなどをていねいに描けた。

手のかき方
れんしゅうちょう

① 黒色の マジック または えんぴつで かいて ください
② かくだいコピーをして つかって ください
③ ゆっくりと ながいせんで かいて ください
④ 見本や どうがを 見ながら れんしゅう しましょう

名前

【レッスン1】パーを かこう

名前

◎手のひらと 5本の ゆびを かきます。
　つめや しわも かきましょう。
　おやゆびだけ むきが ちがうことに ちゅうい しましょう。

【1】手のひらがわを かこう。

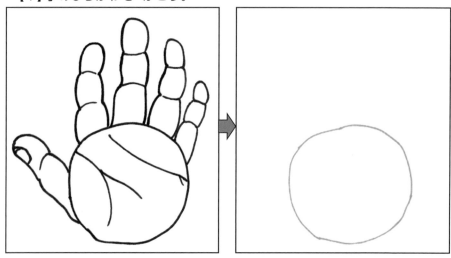

【2】手のこうがわを かこう。

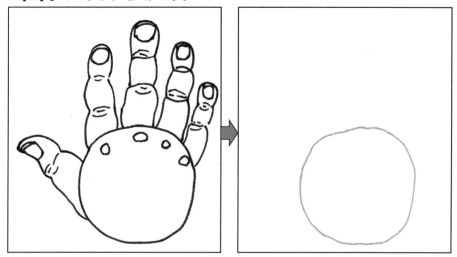

名前

◎ 手のひらと 5本の ゆびを かきます。
　つめや しわも かきましょう。

どうがで
かくにん

【1】手のひらがわを かこう。

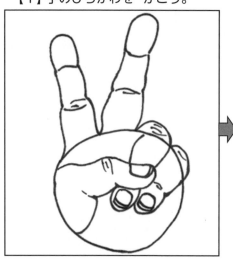
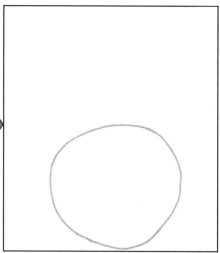

【2】手のこうがわを かこう。

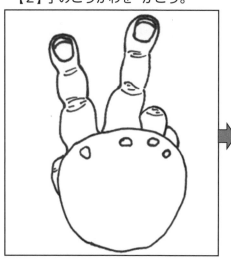
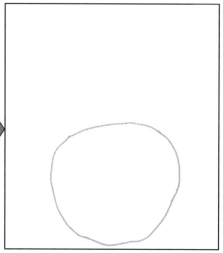

【レッスン３】グーを かこう

名前

◎ 手のひらと ５本の ゆびを かきます。
  つめや しわも かきましょう。

どうがで
かくにん

【１】手のひらがわを かこう。

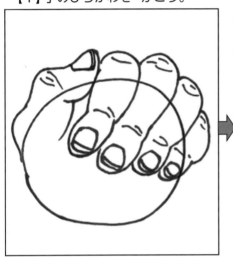

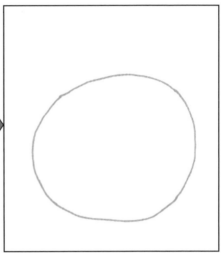

【２】手のこうがわを かこう。

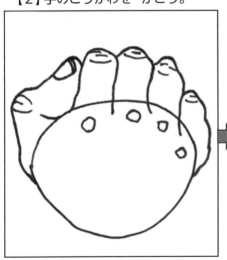

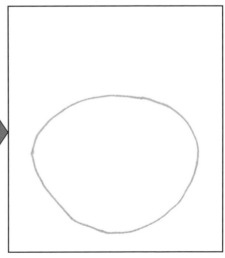

【レッスン４】 いろいろな ポーズを かこう

名 前
_な _{まえ}
_____

◎ レッスン１～３で まなんだことを いかして かこう。

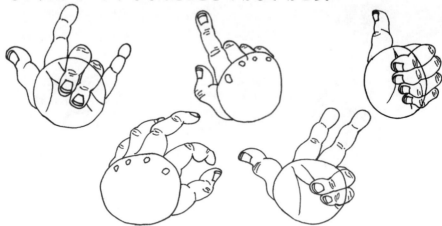

3 酒井式「動きのある人物の描き方」テキスト

テキストを使って練習し、自分だけの楽しいポーズで人物を描こう

1　準備物

「動きのある人物の描き方」テキスト、黒マジック（または鉛筆）

2　指導計画

レッスン1　かき方のじゅんをおぼえよう

レッスン2　体をうごかしてみよう①

レッスン3　体をうごかしてみよう②

レッスン4　さかさがおとさか立ちをかこう

レッスン5　テーマをきめてかこう

3　酒井式「動きのある人物の描き方」のポイント

　酒井式「動きのある人物の描き方」のポイントは、描く順序にあります。

　「頭→胴体→手→つなぐ→足→つなぐ→服」の順に描きます。

　頭と胴体をくの字に曲げてつなぐ、手足を遠くに描く、遠回りしてつなぐというポイントを押さえることで、よりダイナミックな動きを表現することができます。これらの描き方は、子どもたちにとって、大きな抵抗を感じる描き方かもしれません。しかし、この「壁」をこえることで、のびのびとした表現が可能になります。

　なお、この練習帳は「酒井式描画教材 わくわく絵のれん習ちょう（正進社）」をもとに作成しました。

レッスン1　かき方のじゅんをおぼえよう

　　　最初に「かき方のじゅん」を確認してください。その通りに 描いていきます。手は、肩のあたりからつなぎます。足は腰のあたりからつなぎます。これを教えないと、お腹のあたりからつないでしまう子どもが出てきます。

　　　顔は、見本にとらわれず男の子にしても女の子にしてもかまいません。

初めてのレッスンです。無理をせず、楽しくスタートしてください。

子どもたちの絵を褒めるポイント

❶ 描き方の順の通りに描けた。

❷ 足を腰からつなぎ、手を肩からつなぐことができた。

❸ 服の模様、髪型、帽子など、細かい部分の工夫も褒めてください。

レッスン2　体をうごかしてみよう①

　　　レッスン1と同じように、まずは「かき方のじゅん」を確認してください。

　　　最初は一気に描かせず、描き方を確認しながら「スモールステップ」で描かせてください。最も大変なのは、頭と胴体をくの字に曲げてつなぐことです。これは大人が考える以上に大変なことです。少しでも描けていたら、大いに褒めてあげてください。

下の4つのポイントを教えると、人物を大きく動かすことができます。

子どもたちに合わせて、教えてください。

① 手足を遠くに描く

② 両手の高さ、両足の高さを変えて描く

③ 手足と胴体を遠回りしてつなぐ

④ 頭と胴体をくの字に曲げて描く

子どもたちの絵を褒めるポイント

❶ 描き方の順の通りに描けた。

❷ 手足を思い切って遠くに描けた。

❸ 腕や脚を長くしなやかに描けた。

❹ 頭と胴体を少しだけでも「くの字」に曲げることができた。

レッスン3　体をうごかしてみよう②

レッスン2よりもさらに大きく体を動かします。

レッスン3では、手足が胴体の前や後ろを通るように描きます。

手足の動きを自由に描けるようになると、表現の幅が広がります。

一気にすべてを求めず、少しずつ練習を進めてください。

まずは見本をまねすることから始めてみると良いでしょう。

子どもたちの絵を褒めるポイント

❶ 描き方の順の通りに描けた。

❷ 頭と胴体を「くの字」に曲げることができた。

❸ 手足のダイナミックな動きを表すことができた。

レッスン4　さかさがおと　さか立ちを　かこう

「逆さ顔」は顔を上下逆にして描きます。目を下に描き、口を上に描くことで逆さになります。逆立ちは、顔を下に描き、胴体を上に描くことで表現できます。

子どもたちの絵を褒めるポイント

❶ 描き方の順の通りに描けた。

❷ 思い切って顔の向きを変えて描くことができた。

❸ 逆立ちのポーズでも伸びやかに描くことができた。

レッスン5　テーマをきめてかこう

　レッスン1〜4で学んだことを活かして描きます。

　「友達と遊んでいるところ」「ボールを蹴っているところ」等、どんな場面を描くかを決めて描きます。

　「木のある風景」や「巨大シャボン玉」など、人物を描くシナリオの前に、練習すると、より上手に動きを表現することができます。

子どもたちの絵を褒めるポイント

レッスンで学んだことを、少しでも活かして描こうとしていれば褒めてください。

うごきのある人ぶつ
かき方れんしゅうちょう

① 黒色の マジック または えんぴつで かいてください
② かくだいコピーをして つかって ください
③ ゆっくりと ながいせんで かいて ください
④ 見本や どうがを 見ながら れんしゅう しましょう

名前

【レッスン１】かき方の じゅんを おぼえよう

名前

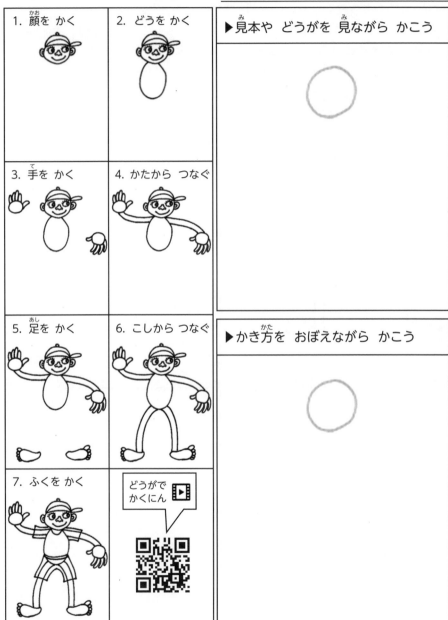

1. 顔を かく

2. どうを かく

3. 手を かく

4. かたから つなぐ

5. 足を かく

6. こしから つなぐ

7. ふくを かく

どうがで
かくにん ▶

▶見本や どうがを 見ながら かこう

▶かき方を おぼえながら かこう

25

【レッスン2】体を うごかして みよう①

名 前 _____

かき方の じゅんを まもろう。
手足を とおくに かいて とおまわりして つなごう。

どうがで
かくにん

【1】顔と どうを まげて かこう。

 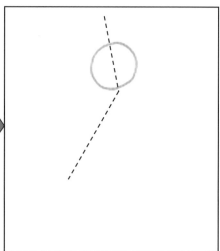

【2】手足を とおまわりして つなごう。

 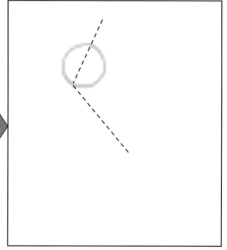

名 前

_____

かき方の じゅんを まもろう。
手足を おもいきって うごかして みよう。

どうがで かくにん

【1】うでが どうの まえや あたまの うしろを とおるように かこう。

【2】あしが どうの まえを とおるところを かこう。

 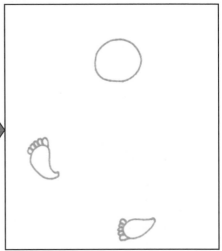

27

名 前

かき方の じゅんを まもろう。

かおの むきや かく ばしょに きをつけて かこう。

 どうがで かくにん

【１】さかさがお（うえをむいている かお）を かこう。

【２】さか立ち しているところを かこう。

 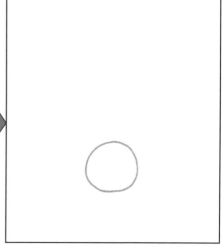

28

【レッスン５】テーマを きめて かこう

名 前

◎レッスン１～４で まなんだことを いかして かこう。
なにを しているところを かくかを きめてから かこう。

4 酒井式「ねこの描き方」テキスト

テキストを使って練習し、自分だけの楽しいポーズで猫を描こう

1　準備物

「ねこのかき方れん習ちょう」テキスト、黒マジック（または鉛筆）

2　指導計画

レッスン1　かき方のじゅんをおぼえよう（顔のみ）

レッスン2　かき方のじゅんをおぼえよう（体ぜんぶ）

レッスン3　体をうごかしてみよう①

レッスン4　体をうごかしてみよう②

レッスン5　自由にねこをかいてみよう

3　酒井式「ねこの描き方」のポイント

　子どもたちが描くとどんな動物もかわいくなります。とりわけチャーミングになるのが猫です。その猫を、もっと自由自在にのびのびと描けるようにするためのテキストをご紹介します。

　使い方は簡単です。レッスン1から順に取り組ませるだけです。レッスンが進むにつれて、少しずつ描き方が身に付いてきます。描き方が身に付くと

「次はこんなポーズにしてみよう！」

と意欲がさらにアップし、自分なりの追求が始まります。

　なお、この練習帳は「酒井式描画教材 わくわく絵のれん習ちょう（正進社）」をもとに作成しました。

レッスン1　かき方のじゅんをおぼえよう（顔のみ）

最初に「かき方のじゅん」を確認してください。

「人の顔に耳とひげと歯を加えるだけで猫の顔になるんだよ。」と言うと、子どもたちは「ほんとだ！」と笑顔になります。

次に薄い線をなぞりながら描き方の確認をします。ズレたり、はみ出したりしてもかまいません。ゆっくりと一生懸命描いていることを褒めてください。ただし、急いで描こうとする子には「ゆっくり描こうね。」と声をかけてください。耳を縦に長く描くと、うさぎのようになるので気を付けてください。ひげや歯も、1本ずつ丁寧に描いていきます。

最後に横向きの顔を描きます。顔のパーツを横にずらして描くには思いのほか勇気が必要です。しかしその分、描けた時の満足感も大きくなります。思い切って描かせてください。

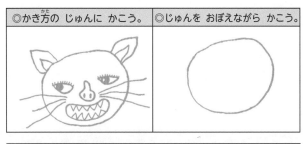

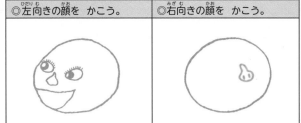

子どもたちの絵を褒めるポイント

❶ 1つ1つのパーツをゆっくり丁寧に描いている。

❷ バランスがくずれていても大丈夫です。一生懸命描いたという証拠です。大いに褒めてください。

レッスン2　かき方のじゅんをおぼえよう（体ぜんぶ）

レッスン1と同じように、まずは「かき方のじゅん」を確認してください。

下の3つのポイントを教えると、のびのびとした絵になります。

---

① しっぽを頭から遠くに描く

② 胴体をぼよーんと描く

③ 足を長く、曲げて描く

描き方を確認したら、描いていきます。

最初は一気に描かせず、描き方を確認しながら「スモールステップ」で描かせてください。体の模様は自由です。

途中で絵を確認し、褒め、励ましてください。

レッスン3　体をうごかしてみよう①

頭を上に、しっぽを下にすることで、2本足で立っているポーズを描くことができます。足を大きく動かすと、まるでダンスをしているような動きを表現できます。

レッスン4　体をうごかしてみよう②

レッスン3とは逆で、頭が下、しっぽが上になるように描きます。

猫を描くことにどんどん慣れてくるころです。思い切って胴体を曲げたり、足やしっぽの位置を変えたりして描かせてください。

子どもたちの絵を褒めるポイント

練習を重ねるごとに、のびやかな動きが出てくるように、子どもたちの頑張りを褒めてください。

レッスン5　自由にねこをかいてみよう

レッスン1〜4で学んだことを活かして描きます。

「友達と遊んでいるところ」「親子でじゃれ合っているところ」等、どんな場面を描くかを決めて描きます。

練習帳の見本作品は、草や屋根などを描いた色画用紙に、猫を切り貼りして作成したものです。時間があれば、このような作品作りに取り組むこともおすすめです。

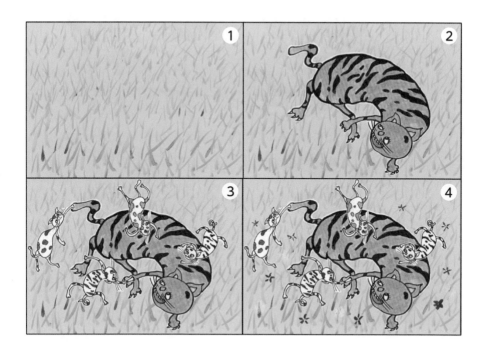

ねこのかき方
れん習ちょう

① 黒色の マジック または 4Bの えんぴつで かいてください
② かくだいコピーをして つかって ください
③ ゆっくりと ながいせんで かいて ください
④ かく じゅんじょの とおりに れんしゅう しましょう

名前

【レッスン１】かき方の じゅんを おぼえよう（顔のみ）

名前

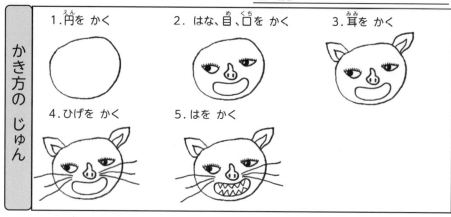

かき方の じゅん

1. 円を かく
2. はな、目、口を かく
3. 耳を かく
4. ひげを かく
5. はを かく

◎かき方の じゅんに かこう。　◎じゅんを おぼえながら かこう。

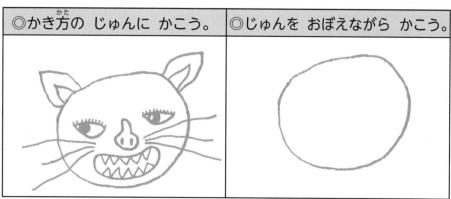

◎左向きの顔を かこう。　◎右向きの顔を かこう。

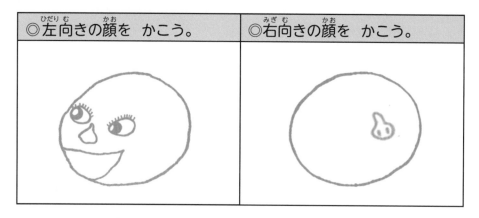

【レッスン２】かき方の じゅんを おぼえよう（体ぜんぶ）

名 前

かき方の じゅん

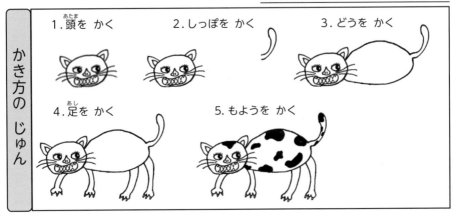

1. 頭を かく　　2. しっぽを かく　　3. どうを かく

4. 足を かく　　5. もようを かく

◎かき方の じゅんに かこう。

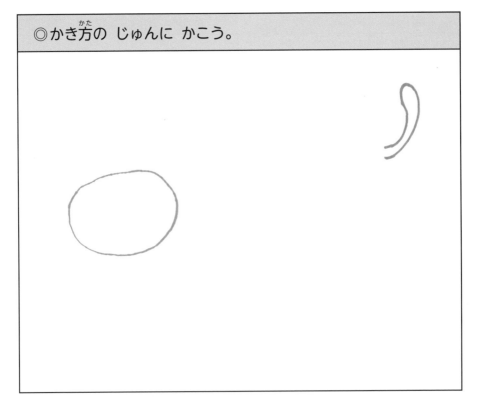

36

名 前

【1】かき方の じゅんを まもろう。2本足で 立たせて みよう。

【2】かき方の じゅんを まもろう。手も 足も 大きく 動かして かいてみよう。

【レッスン４】体を うごかして みよう②

名前 _____

【1】かき方の じゅんを まもろう。頭と しっぽの かく いちを かえてみよう。

【2】かき方の じゅんを まもろう。足を 大きく 動かして かいてみよう。

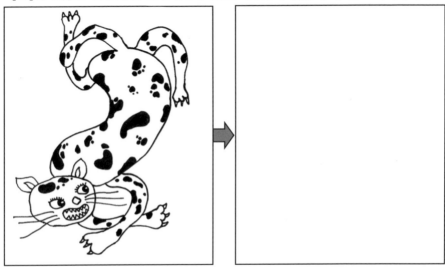

【レッスン5】自由に ねこを かいて みよう

名前 _____

酒井式描画指導法について

1　自分の成長を連続的に実感させる「酒井式」のシナリオ

「絵なんか大嫌い！描きたくない！」と話す子どもが、「絵が得意になってきた」と話すようになり、図工の時間を待ち望むようになります。

教師として、このような経験を何度もしてきました。

> 「子どもは好きなことをやるのが楽しいのではない。自分の力が付くこと、自分が成長することが楽しいのである。」
>
> （「授業研究21」　2004年8月号 p.14）

酒井式のシナリオには、「子どもたちに造形する力を付ける」という願いが込められています。そして、それを実現するための具体的な方法が示されています。子どもたちは、その具体的な方法を学び、身に付けていく過程で、「できるようになった！」、「上手に描けた！」という実感を積み重ねていきます。やがて、自信をもって1人で描くようになります。

子どもたちが自信をもって描いている時、教室は静まり返ります。

そして、そんな教室からは素晴らしい作品がつぎつぎと生まれます。

2「描き方」と「描く順序」を楽しく教えることで、子どもたちの表現を引き出す

私は新しい学級が始まった4月に、よく酒井式「自画像」の授業をします。

左の絵は4年生が描いた自画像です。酒井式で教えると、どの子も生き生きとした絵を描きます。形が整った「図」や「イラスト」とは違い、「絵」にはこのような生命感が必要です。

授業の記録をもとに、子どもたちからこのような表現を引き出すための手立てについて述べます。

【授業の記録】

　授業の冒頭、黒画用紙から鼻だけを出して見せた。「わー！」と声を上げながら子どもたちは喜んでいた。「これだけで、こんなに笑うのか」とびっくりするくらいの反応だった。画用紙と鼻の隙間から、子どもたちの顔を見て幸せな気分になった。そのまま、鼻を触りながら、「鼻の穴」が2つあることを確認した。次に子どもたちに自分の鼻を触らせた。「触った感じ」をつかませるためである。その後鼻の穴2つを描いて見せ、子どもたちにも描かせた。全員が描いた「鼻の穴」を見て、「全員合格！」と言った。

　その後「顔のパーツを触らせる→描いて見せる→描かせる」を繰り返した。描く順番は「鼻の穴→小鼻→鼻すじ→口→目→まつげ→まゆげ→あご→ほっぺ→こめかみ」とした。

　パーツを描くたびに、「わあー！」と盛り上がった。笑顔が絶えない楽しい授業になった。

　酒井式の1つ1つが子どもたちにぴったり合っていることを実感しながら教えた。授業後、「あ〜たのしかったー！」という声がいくつもいくつも上がった。私も楽しかった。

　「描き方」と「描く順序」を「楽しく」教えることで、子どもたちの生き生きとした表現を引き出すことができます。本書でご紹介しているシナリオでも「描き方」と「描く順序」を示しています。

　「描き方」と「描く順序」を教えるというと、子どもたちから自由な表現をうばっているのではないかと感じられるかもしれません。しかし実際はその逆です。描き方を学び、身に付けることで、子どもたちは伸び伸びと描くようになります。人物画だけでなく風景画でも同様です。

　言うまでもなく、本書でご紹介する描き方が「唯一の描き方」というわけではありません。目の前の子どもたちに合わせて、教える内容や教え方を工夫してください。

3 酒井式「動きのある人物の描き方」で変わる版画指導

5・6年生の木版画作品です。

テーマは「一輪車に乗ったぼく・わたし」です。一輪車に乗っている自分をダイナミックな動きで表現できました。この動きを引き出したのが、酒井式「動きのある人物の描き方」です。

左は、児童が描いた版画の下絵です。この下絵で最も重要なことが、頭・胴体・一輪車のタイヤの位置関係です。それぞれの位置をずらすことで、動きのある絵にすることができます。手を遠くに描き、腕を遠回りして描く

ことでさらにダイナミックな動きになります。

右は2年生の紙版画作品です。

テーマは「あやとりをしたぼく・わたし」です。この作品も、酒井式「動きのある人物」の考え方で動きを表現しました。

「頭と胴体を曲げてつなぐこと」、「手を遠くに描くこと」、「腕を遠回りしてつなぐこと」を意識して版を作ることで、このような作品を仕上げることができました。

4　まずは自分が描いてみること

　酒井式を学び始めてから、ずっと大切にしていることは「まず自分で描いてみる」ということです。私はどのシナリオでも、実践する前に書籍や雑誌を読みながら、自分で描くようにしています。酒井臣吾氏に教えていただいた、大切な教材研究の方法です。

> 「『自分で描いてみること』こそが唯一欠かせない最低限度の準備である。」
> 　　　　　　　　　　　　　（「教室ツーウェイ」2005年8月号p.64）
> 「自分で描いてから、子どもに教えると今まで見えなかった子どもの良さが
> 見えてくる。なかんずく子どもの『健気さ』がはっきり見える。」　　（同上）

　少なくとも4～5枚、時間に余裕がある時には数十枚の練習をしてから授業に臨みます。自分で描いてから授業をすると、授業が変わります。

　まず、自信をもって教えることができるようになります。子どもたちのことを考えながら練習すると、「ここで子どもたちはつまずくかもしれない」、「ここはこのように教えた方が良い」ということが見えてきます。様々な手立てを用意して授業に臨むことができます。

　次に、子どもたちに優しく教えることができるようになります。1枚の絵を描き上げることは簡単なことではありません。自分で描いてみると、それがよく分かります。一生懸命描いている子どもたちを共感的に見ることができるようになります。

　そして、子どもたちの絵の良いところが目に飛び込んでくるようになります。子どもたちの絵を見た瞬間に「すごい！」と感動することができます。

　ぜひ、授業前にご自身で描いてみるという教材研究をやってみてください。

5　「失敗しました」と言ってきたときこそ褒める

　「先生、失敗しました。画用紙をもう1枚ください」

　これは、授業中によく聞く言葉の1つです。私は、そんなときこそ

　「よく描けているよ。すごい！」

と褒めます。決して口先だけで言うのではありません。その子の絵の良いところを断固として褒めます。褒めることで、子どもたちは自信をもって進んでいけるようになります。

「酒井式×端末活用」で
ポスター作成

1　アナログとデジタルを組み合わせ、表現の幅を広げる

　手作業（アナログ）で作った物には、PC（デジタル）で作った物にはない「味」があります。もちろん、手作業ではできないことが、PCを使うとできるということもあります。両者の良い面を組み合わせることで、子どもたちの表現の幅を広げることができます。「つくり、つくりかえ、つくるという学習過程」を実現することもできます。

　具体的な活用方法について、「体育大会ポスター作り（上木信弘氏の追試）」を例に述べていきます。

2　PCを活用した「ポスター指導」の提案

　体育大会ポスターは「イラスト」、「タイトル」、「日時・会場」、「スローガン」等を組み合わせて作成します。それら全てを手作業で行うと、かなりの時間がかかってしまいます。しかし、PCを活用すると、短時間で、どの子も満足できる作品を作ることができます。指導計画及び準備物は次の通りです。

　第1時…「バラバラ人間」でイラストを作る

　第2時…手書きまたはPCでタイトルを作る

　第3時…PCでポスターを作る

　準備物…「バラバラ人間」を印刷した紙（A3）、ハサミ、油性マジック、色コピー
　　　　　用紙各色（A4）、のり、1人1台端末

3　「バラバラ人間」でイラストを作る（第1時）

　右のような紙を準備します。パーツを切り取り、並び替えることで動きを表現します。ラジオ体操、一輪車、綱引きなど、様々な動きを表現することができます。子どもたちは「どのように並べれば、イメージ通りの動きを表現できるか」を考えながら試行錯誤します。

　自分でそのポーズをしてみたり、インターネットで調べたりしながら何度もつくりかえ、追求していきます。互いの作品を見合う時間を取り、アイデアを交換することで表現の幅を広げることもできます。

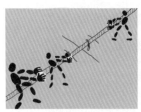

4　手書きまたはPCでタイトルを作る（第2時）

　タイトルは、はっきりと目立つように書きます。マジックで単に書くだけでは目立ちません。「太く書く」「目立つ色で書く」「縁どりで形を整える」等の基本的なポイントを、例示と共に教える必要があります。

　なかには、細かい作業が苦手で、タイトルを書く活動そのものに抵抗を示す児童がいます。そのような児童には無理強いをせず、PCを使わせます。フォントを変えたり、影をつけたりする等の工夫ができ、楽しく活動できます。

　作成したものは全てスキャンし、データ化します。データはクラウドに保存し、全員で共有します。データを共有し、「どれを使っても良い」と伝えます。使える「パーツ」が増えることで、表現の幅が一気に広がります。子どもたちの創作意欲を高めることができます。

5　PCを使ってポスターを作る（第3時）

　「タイトル」と「イラスト」に、「スローガン」と「日時・会場」を加えてポスターを作ります。構成の作業です。
　作業開始前に、次の4つの方法を教えます。
　① 画像を貼り付ける方法
　② 画像の位置や大きさを変える方法
　③ 画像をトリミングする方法
　④ 文字の色や形、大きさや位置を変える方法
　これらの方法を習得すれば、自由自在に構成を変えながら、ポスターを作ることができます。

一つ完成したらそのデータを複製します。複製したデータをもとに、二つ目を作ります。画像の位置や文字の色等の構成を少し変えるだけで、印象の違うポスターになります。複製が容易な「デジタル」だからこそできる事です。

6　デジタルの良さを活かし、用途を広げていく

　子どもたちに「今回作ったポスターを他の事にも活用できませんか」と尋ねました。「学校のホームページに載せよう」「校内に掲示すると良い」等の意見が出ました。そこで、校内掲示用のポスターを作成しました。構成を少し変えるだけで完成しました。

　アナログの味わいを残しつつ、そこにデジタルを組み合わせることで、短時間で素敵なポスターを何枚も仕上げることができました。

　アナログとデジタルを組み合わせるこのような方法は、ポスター作りだけでなく、他の活動にも応用できます。

　例えばパンフレット作りや新聞作りなどの活動です。

　まず、記事を手書きします。

　次に、そのデータをスキャンし、共有します。

　最後に、端末を使って共有した記事をパンフレットや新聞の形に構成すれば完成です。

　書くことが苦手な子どもたちも楽しく活動することができます。

3 酒井式と「個に応じた指導」について

1　大らかな対応が子どもの個性を引き出す

「部分的失敗は子どもたちと教師を成長させてくれます。勇気をもって進めてください。」（文責・森本）

　この言葉は、酒井式「電柱のある風景」彩色指導の序盤、苦戦する私に酒井氏がくださったコメントです。

　「デッサンがうまくできたのだから、彩色で失敗させたくない」私のこのような態度が子どもたちを萎縮させ、作業を滞らせていました。

　私は反省し、授業中の態度を変えました。ゆったりと構え、褒め言葉を増やしました。少々の失敗は笑顔で受けとめ、「それを生かす」ということに集中しました。

　すると、子どもたちはのびのびと絵を楽しみ始めました。画用紙は個性的な色彩でいっぱいになりました。子どもたちが安心して個性を発揮するためには、教師の大らかな構えが必要なのです。

2　丁寧に、粘り強く学習に取り組む姿勢を育む

　技能の習得には、丁寧に、粘り強く取り組む姿勢が必要です。

しかし、「何をすれば良いのか」が明確でなければ、丁寧に、粘り強く取り組むことはできません。酒井式では、「何を、どのように描くのか」を明確に示します。だからこそ、子どもたちは絵に集中して取り組むのです。そのなかで、丁寧に、粘り強く取り組む姿勢が育まれていくのです。

下の絵は6年生が描いた、酒井式「校舎を描く」の作品です。

この絵を描いた児童が次のような感想を書きました。

「学んだことは、失敗してもあきらめずに取り組むということです。僕は下描きでけっこう失敗してしまいました。けれど、先生は『気にならない。』と言ってくれました。ぼくは最初からやりたいと思ったけど先生は、『あきらめたらだめ。』と言ってくれました。あきらめずに取り組むということはとても大切なことです。」

この児童は、「失敗してしまった」、「もう1度最初から描き直したい」という思いを抱きながらも諦めずに描き続けました。その結果、このような素晴らしい絵を描き上げることができました。

3　支援の必要な子どもへの指導

支援が必要な子どもにこそ、酒井式の力は発揮されます。

この章の冒頭でも書きましたが「絵が大嫌い」、「描きたくない」という子どもたちが、酒井式で絵を教えることで、熱中して描くことがよくあります。これは、酒井式のシナリオが、どんな子どもでも自分の力で描き進めていけるように作られているからです。

しかし、それでも描けない子どもが出てきます。そんな時は「手を持って描いてあげる」、「色作りをしてあげる」など、目の前の子どもに合わせて、教師がとことん付き合っていくことが大切です。

どの子も満足する作品を描ける！
図工授業のポイント

オンライン図工授業にぴったりの酒井式描画指導法

① 「部分」に限定することで子どもたちの集中力を引き出す

酒井式「菜の花のある風景」の描き方を紹介します。

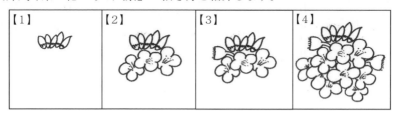

【1】 つぼみを描く。

【2】 花びらは4枚ずつ描く。花と花とを重ねて描く。

【3】 横向きの花も描く。

【4】 「菜の花の形」ができたら完成。

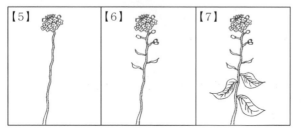

【5】 茎は垂直に描かない。「曲がり」がある方が生命感のある絵になる。

【6】 横向きの花や種のさやを描く。

【7】 大きめの葉を描く。

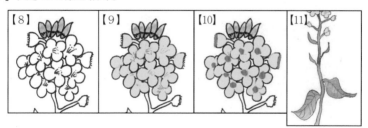

【8】 つぼみの先の方から黄色、黄緑色、緑色をぬる。

【9】 花びらにポスターカラーのレモンイエローをぬる。

【10】 花の中心にイエローディープをぬる。

【11】 茎や種のさや、葉に黄緑色と緑色をぬる。

1本目を描き終えたら2本目、3本目と描いていきます。

家並みや山並みを描き加え、空をぬったら完成です。

　酒井式は、このように部分を積み上げていくことで、1つの作品を仕上げていきます。

「描く対象を部分に限定すること」、「その部分の描き方をしっかり教えること」で子どもたちの集中を引き出すことができます。

　子どもたちが集中し、一生懸命描いた絵は美しく仕上がります。そして、どの子も自分の絵に満足します。

　酒井式は、このようにして子どもたちの集中と表現力を引き出します。

② 子どもたちが熱中するオンライン図工授業の組み立て

本書で紹介しているシナリオは、どれも次のような流れで教えます。

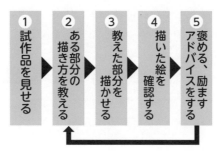

②から⑤を繰り返しながら、進めていきます。部分、部分をスモールステップで描いていくので、どの子も安心して描いていくことができます。

下の絵は、実際に、オンライン授業で教えた子どもたちが描いた絵です。オンライン授業でも、子どもたちは終始集中して取り組んでいました。

「ブレーメンの音楽隊」
4年生の作品

「花火を見たよ」
4年生の作品

オンライン授業を行う上でのポイント（描き方を教える方法、指示のポイント、確認のポイントなど）について、さらにくわしく述べていきます。

試作品を見せる

　授業の冒頭で試作品を見せることは欠かせません。教師自身が描いた試作品であれば、子どもたちの心を強くひきつけることができます。これはオンライン授業でも対面授業でも同様です。

　以下は酒井式「校舎を描く」を実践した時の授業冒頭の記録です。

【授業の記録】
　「先生が描いた絵を見たい人？」
と言うと全員が即座に手を挙げた。続けて
　「シャキッと座ったら見せようかな」
と言うと全員がシャキッとした。
　1枚。ゆっくりとバッグから裏向きに取り出して、そーっと見せた。
　「うはぁー。」
とため息のような声が広がった。続けて2枚、3枚と見せていった。
　どの絵も向きが違うこと。花の種類が違うこと。子どもがグラウンドで遊んでいることなど、気付いたことを口々に話し始めた。
　「ではちょっと時間取りますから、近くで見たい人はどうぞ」
と言った。いっせいに子どもたちが前に来た。いろいろと気付いたことを話していた。子どもたちの様子を見て「頑張って試作品を描いてきてよかった」と思った。まず、「憧れ」をもたせることには成功した。

　よく描けた試作品を見せると、子どもたちは声を上げて驚きます。「私もこんな絵を描いてみたい」という強い憧れを抱く瞬間です。この憧れが、描き続ける意欲につながります。そして「ぼくはこの絵のまねをしてみよう」、「私は、この部分のまねはするけれど、服の模様はこんなふうにしよう」と考えながらこれから描く絵のイメージを膨らませます。

　子どもたちに大きな影響を与える試作品ですが、大切なことは多様な作品を用意することです。試作品が多様であれば子どもたちのイメージがさまざまに膨らみ、作品が多様になります。試作品に多様性がないと、子どもたちの作品にも多様性が生まれにくくなります。

　右の写真は、オンライン授業で「3
びきのこぶた」を教えた時の冒頭の様
子です。こぶたのポーズ、服のデザイ
ン、空の色や地面の描き方などを変え
た試作品を用意しています。いろいろ
なパターンを見せることで、子どもた
ちの表現を引き出すことができます。

描き方を教える

① 教師が描いてみせる

　対面授業であれば、教卓のまわりに子どもたちを集めて、実際に描いて見せま
す。オンライン授業の場合は、描いている手元を写して見せます。オンライン授
業では、子どもたちはパソコンやタブレットの画面を見ながら描きます。この点
をしっかり意識し、子どもたちにどのような画面を見せたいかを考える必要があ
ります。

② 描きながら説明する

　ただ描き方を見せるだけでなく、言葉で説明を加えます。
　「ぽよーんと描きます」と擬音語を使ったり、「遠回りしてつなぎます」とポイ
ントを言ったりすることで、描き方を効果的にインプットすることができます。
「描く順序」や「描き方」は復唱させると、伝わりやすくなります。

③ 描く順序を示しておく

　人物や動物を描くときに大切なのは、描く
順序です。しかし、ただ描いて見せるだけで、
描く順序を覚えさせることは大変です。そこ
で、あらかじめ描く順序を書いた紙を用意し
ておきます。私は右のように、書く順序を書
いた紙を横に置きます。この紙を置いておく

だけで、子どもたちはいつでも描く順序を確認することができます。

① 指示をする前に、画面に注目させる

　指示を出す時には必ず画面に注目させます。「手に持っている物を置いて、画面を見ます」と言います。手に物を持っていたり、画面とは違うところを見ていたりすると、指示がしっかりと伝わらないからです。注目した子に対して「○○さん、ありがとう」と反応することで、他の子どもの動きを促すこともできます。

　家で授業を受ける場合、子どもたちの周りには気になるものがたくさんあります。その環境のなかで授業をするには、注目させることが欠かせません。

② 作業指示を出す

　ただ話を聞かせるだけでは退屈してしまいます。

　「○○はどこですか、画面を指さしてごらん。」

　「（画面の）○○をなぞってごらん。」

　「画面が見えたら手を振ってね。」

などと指示することで、子どもたちの注目を引き続けることができます。

③ 少しずつ指示する

　こまめに作業させて、確認し、褒めるというサイクルで子どもたちのやる気を引き出します。指示が長すぎると、内容が伝わりにくくなります。

④ 指示した後には確認をする

　指示したことができているのかを確認することも大切です。

　「選んだ画用紙を見せてね。」

　「描けたら絵を見せて。」

と指示し、確認します。

① 聞こえているかどうか、見えているかどうかを確認する

　授業が始まる前に、声が聞こえているか、画面が映っているかを確認する必要

があります。
「声が聞こえていたら手を振って。」
「○○さん、聞こえますか。」
と言って確認します。

② 素早く確認する

　素早く反応することで安心させることができます。反応が遅いと、「あれ、先生は見てくれているのかな」と不安になります。

③ 名前を呼んで確認する

「○○さん、上手！」
「○○さん、とってもきれいにできました。」
と名前をつけて確認します。誰に注目しているのかが明確になります。何より、名前をつけて褒めてもらうことはとてもうれしいものです。

④ こまめに確認する

　オンライン授業の場合、教室の授業よりも子どもたちの様子が見えにくくなります。様子が見えないことは子どもにとっても教師にとっても不安です。
　不安を少なくするために、こまめに確認をします。少し作業させて確認するということを繰り返しながら、描き方を教えていきます。慣れてきたら、少しずつその間隔を長くし、任せるようにします。

⑤ 描いている手元を確認する

　教師が描いているところを見せるだけでなく、子どもたちが描いている手元を確認する場合もあります。カメラの向きを変え、手元を写させることで、描いているところを確認することができます。

⑥ 困っていないかを確認する（チャット機能を活用）

　オンライン授業では声を出しにくいと感じる子どもがいます。
　「本当は聞きたいのに、聞くことができない」という子どもたちのために、配慮する必要があります。こちらから

「〇〇さん大丈夫？」
と声をかけたり、
「質問があったらチャットに打ってくださいね。」
などと言うことが大切です。

褒め言葉

① あたたかな対応をする

　常にあたたかな対応を心がけます。オンライン授業を受けていると「これで本当にあっているのか」、「先生は見てくれているのか」と不安や孤独を感じやすくなります。その不安に寄り添い、常にあたたかな対応をすることが大切です。教師がカメラに向かって笑顔を見せることも、安心につながります。

② ジェスチャーを交えて褒める

　大きくジェスチャーを見せることで、気持ちを伝えます。

　大きく拍手する、うなずく、親指を立てて「グッドサイン」をするなど、子どもたちに伝わるように大きく動きます。子どもたちはこのような教師の反応を喜びます。

③ 良いところを見付けて褒める

　良いところを見付けて褒めることが教師の大切な仕事です。笑顔で、驚きながら「すごい！上手！」などと褒めます。絵をカメラに映させて、褒めることで、他の子どもたちのヒントにすることもできます。

対応の基本

① 笑顔を練習する

　教師の笑顔は子どもを安心させ、授業を楽しい雰囲気にします。オンラインでも同様です。ただし、カメラに向かって笑顔をつくるのは簡単ではありません。繰り返し練習することが必要です。

② 目線を意識する

　教師がカメラに目線を送ると、子どもたちは「先生に見られている」という印象をもちます。常にカメラを見る必要はありませんが、必要に応じて、カメラに目線を送ることが大切です。目線を送ることもまた笑顔と同じように、練習が必要です。カメラの先に子どもたちがいることをイメージして、繰り返し練習してください。

③ トラブルに落ち着いて対応する

　オンライン授業にトラブルは付きものです。ビデオが映らない、音声が聞こえないなどのトラブルがよく起きます。そんな時に、子どもたちにとって頼りになるのは教師だけです。トラブルが起きたときには、落ち着いて対応することが大切です。事前に対応できるように準備をしておいてください。

2 オンライン図工授業の
ための環境設定

オンライン図工授業のための環境設定

① 描いているところを見せる（手元を写す）ための環境設定

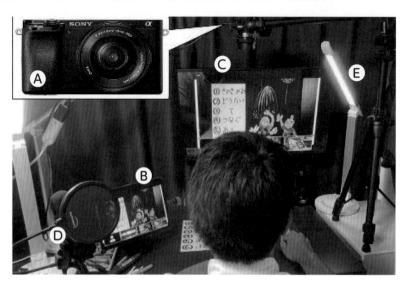

　これは、私が子どもたちにオンライン（Zoom を使用）で、絵の描き方を教えているところです。手元の映像を子どもたちに見せながら、描き方を説明しています。見て分かる通り、さまざまな機材を使っています。どんな機材を、何のために使っているのかを説明します。ただし、この環境設定が「ベスト」ではありません。参考にしていただき、ご自身にぴったりの環境を作ってください。

A　カメラ

　手元を写すカメラ（SONY α 6100）です。

　三脚とスライディングアームで固定しています。真上から写すことで、手元の映像を子どもたちに見せることができます。カメラの「ズームリング」を操作することで、アップにしたりルーズにしたりすることができます。

　子どもたちはパソコンやタブレットの画面を見ながら描きます。その画面に、

教師の手元をクリアに映すことで、描き方をしっかりと教えることができます。

B　タブレット端末

Zoom に接続します。絵を描きながら、子どもたちの様子を確認するために使います。

C　モニター

タブレット端末の映像をモニターに映し出します。大きなモニターに映すことで、手元の様子や子どもたちの様子が確認しやすくなります。

D　マイク

私が使用しているマイクは「ロジクール G Blue Yeti Blackout Edition」です。はっきりと声を届けるため、集音性の高いマイクを使っています。

E　照明

大きな影ができて、手元が見えにくくならないように、3方向から照明を当てています。

② コンテンツを映し出すための機材配置

手元を写すための環境の他に、パワーポイントなどのコンテンツを映し出すための環境も設定しています。

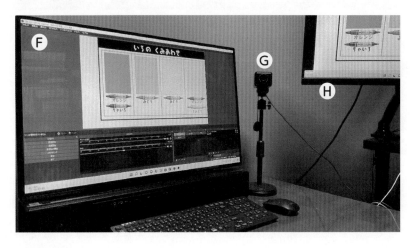

F　メインPC

Zoomに接続します。「OBS」を使い、コンテンツを映し出しています。OBS（Open Broadcaster Software）とは、映像配信用のソフトウェアです。

OBS を使うと、左のように、パワーポイントのコンテンツとカメラの映像を重ねて表示することができます。教師が画面に映りながら説明することで、子どもたちに安心感を与えることができます。

OBS を使うと、コンテンツの映像と手元を写している映像とを簡単に切り替えることもできます（ただし、パソコンのスペックによっては、うまく作業ができない場合があるので注意が必要です）。

G 外付けメインカメラ

自分自身を写すカメラです。子どもたちに目線を送りやすくするために、目の高さに合わせています。

H サブモニター

パワーポイントのコンテンツや、Zoom の画面を表示しています。サブモニターがあると、複数のウインドウを同時に開きながら作業ができるので、効率が上がります。

オンライン図工授業を受けるための環境設定

左は、私の授業をオンラインで受けている児童の様子を写したものです。この児童の場合は、タブレット端末で映像を見ながら授業を受けています。

子どもたちがどのような大きさの画面で授業を受けるのかを把握し、文字や画像の大きさを調整することが大切です。

トライアンドエラーを繰り返し、自分にぴったりの環境を作る

ここでご紹介した環境設定は、私がトライアンドエラーを繰り返しながら作ってきたものです。もちろんこれが「ベスト」ではありません。ご自身のスタイルに合わせて、自分にぴったりの環境を作り上げてください。

1

酒井式「3びきのこぶた」
(低中学年向け)

元気いっぱいの動きを表現しよう！

（原実践：酒井臣吾氏）

1　準備物

　白画用紙（四つ切り）、コピー用紙（クリーム色）、黒マジック、のり、絵の具セット、鉛筆、クレヨン、綿棒

2　指導計画

　第1幕　こぶたを描く練習をする
　第2幕　動きのあるこぶたを描く
　第3幕　逆立ち・逆さ顔のこぶたを描く
　第4幕　3びきのこぶたを切り取って貼る
　第5幕　空と草原を描く

3 「3びきのこぶた」のポイント

　こぶたの「動き」を表現することがこのシナリオのポイントです。動きを表現するために大切なことは「描く順序」です。酒井式では「①頭 ②胴体 ③手 ④つなぐ ⑤足 ⑥つなぐ ⑦しっぽ⑧服」の順に描くことを教えます。この順に描くことで、大きな動きを表現することができます。このこぶたの描き方をマスターす

れば、「人間の動き」も描くことができます。

　小学生だけでなく幼児もこのシナリオに熱中します。かわいい作品が仕上がることまちがいなしです。子どもたちと楽しみながら進めてください。

第1幕　こぶたを描く練習をする

① 試作品を見せる

　まず、試作品を見せます。
　最初に完成した作品を示すことで、「描いてみたい！」という気持ちを高めることができます。
　描いている途中で、困っている子がいれば、これらの見本を見せてまねをさせることもできます。
　教室では、試作品を黒板に貼っておきます。オンライン授業の場合は必要に応じて画面上に見本作品を映し出します。

② 描く順序をインプットする

　このシナリオのポイントは、「描く順序」を覚えることにあります。
　「①頭 ②胴体 ③手 ④つなぐ ⑤足 ⑥つなぐ ⑦しっぽ ⑧服」
の順に描いていきます。
　まず、この描き方の順に描いて見せます。手元を写して、実際に描いて見せます。右のように、画面に、常に描く順序を示しておきます。常に示しておくことで、子どもたちは描く順番を確認しながら描いていくことができます。

③ 白いコピー用紙に練習する

　ここから、子どもたちにもペンを持たせて練習を始めます。
　T「まず何を描きますか？」
　C「頭です。」

T「次に何を描きますか？」

C「胴体です。」

というふうにやり取りをしながら進めていきます。

　まずは頭だけを描きます。

〇を用紙の上の方に描きます。思い切って大きく描きます。

　はじめは〇を描いた時点で確認をします。

「上手に描けたね！」

と力強く褒めてください。部分を描かせ、確認し、褒めていくことで、子どもた

ちはどんどん熱中していきます。

　〇が描けたらその中に、鼻、目、口を描きます。目を右か左に向けることがポ

イントです。あとは耳を描けばこぶたになります。ここまでで、もう一度子ども

たちの絵を確認します。

　次は胴体です。「ぽよーん」と描きます。描いて見せる時に、小さすぎる例と

大きすぎる例を描いて見せることで、失敗を防ぐことができます。

小さすぎる例　　　　　　大きすぎる例

　手を描き、つなぎます。手は〇を描いて、ひづめを描きます。シンプルな描き

方なので、幼児でも描くことができます。つなぐときは、遠回りして描きます。

足も手と同様に描いて、つなぎます。

最後にしっぽと服を描いたら完成です。

教室であれば、子どもたちの手元を見ながら進めていくことができますが、オンライン授業の場合は、手元がよく見えません。「描いたらカメラに写して見せてね」と指示し、こまめに確認する必要があります。

確認するたびに、「すごい！」、「上手！」と褒めてあげてください。一度で完璧にする必要はありません。何度も描くなかで、上達していきます。

第2幕　動きのあるこぶたを描く

▶ 動画で確認（1分16秒）
「こぶたの描き方（動き）」

クリーム色のコピー用紙に描いていきます。

「大きな動き」を表現することを目指します。

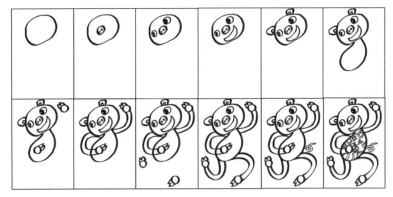

動きを表現するために大切なことを3つあげます。

① 頭と胴体を「くの字」にまげてつなぐこと

② 手足を遠くに描くこと

③ 遠回りしてつなぐこと

この3つです。

T「まず何を描きますか？」

C「頭です。」

T「そうだね。(描いて見せる)」

T「次に何を描きますか?」

C「胴体です。」

T「その通り!　頭と胴体をまげてつなぎます。(描いて見せる)」

T「次に何を描きますか?」

C「手です。」

T「そう!　遠くに描きます。(描いて見せる)」

T「次に何をしますか?」

C「つなぎます。」

T「よし!　遠回りしてつなぎます。(描いて見せる)」

　このように、やり取りをしながら進めていきます。描けたらカメラに写させて確認し、褒めるということを繰り返していきます。

　最後に服を描きます。好きな模様を描くように言いますが、アイデアが思い浮かばない子どもたちのために、試作品を画面に映しておきます。「まねをしてもいいよ」と言うと安心して描くことができます。

　最後にクレヨンで彩色します。綿棒でくるくると色を伸ばすことで、上手にぬっていくことができます。

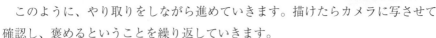

第3幕　逆立ち・逆さ顔のこぶたを描く

▶ 動画で確認 (57秒)
「こぶたの描き方 (逆立ち)」

逆立ちも逆さ顔も描いて見せただけではできません。丁寧に進めていきます。

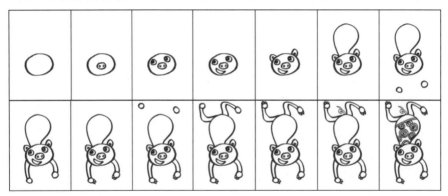

T「まず何を描きますか？」

C「頭です。」

T「そうです。紙の下の方に〇を描きます。（描いて見せる）」

T「（鼻を描いた後）目は鼻の上に描きますか、下に描きますか？」

C「上です。」

T「その通り！（描いて見せる）」

T「（頭を描いた後）胴体は上に描きます。（描いて見せる）」

このようにやり取りをしながら、描き方をインプットしていきます。

最後に服を描いて彩色をします。

 ▶ 動画で確認（55秒）
「逆さ顔のこぶたを描く」

次に逆さ顔を描きます。

T「まず何を描きますか?」

C「頭です。」

T「そうです。紙の上の方に○を描きます。(描いて見せる)」

T「(鼻を描いた後)目は鼻の上に描きますか、下に描きますか?」

C「下です。」

T「その通り!(描いて見せる)」

T「(口と耳を描いた後)胴体は下に描きます。(描いて見せる)」

頭以外の描き方には、慣れているはずです。あとは子どもたちの様子を見て思い切ってまかせてもいいでしょう。

第4幕　3びきのこぶたを切り取って貼る

① こぶたを切り取る

切って見せながら方法を説明します。

以下の4つのことを説明します。

---

① はさみの「根元」で切ること

② 紙を動かして切ること

③ まずおおざっぱに切って、次に細かいところを切ること

④ 間違って、こぶたの手や足を切ってしまっても大丈夫ということ

これらのことを、説明しながらやってみせます。

④を説明するときに、わざとこぶたの手や足を切って見せると、子どもたちはびっくりします。「切ってしまっても、貼り付ける時につなげばいいから大丈夫だよ。」と説明します。

② こぶたの並べ方を決めて貼り付ける

　四つ切り画用紙の上に切り取った３びきのこぶたを置きます。

　位置や向きを変えたり、少し重ねたりしながら、並べ方を工夫します。

　まず、教師が位置や向きを変えたりするところ見せます。何パターンも見せることで、子どもたちもいろいろと試すようになります。

　並べ方を決めたら、鉛筆で印を付けます。

　そして、のりをぬり、印を付けた所に貼り付けます。のりは、別の紙の上でぬります。貼り付けた後ではがれることのないように、しっかりとぬります。

第5幕　空と草原を描く

　３びきのこぶたを貼った後は、その周りに描きたいと思うものを描きます。

　草原や花、太陽や雲など、子どもたちの描きたいものを描かせます。

　子どもたちは思い思いに、描くことを楽しみます。

　雲を描きたい子には、空をぬる前に、白色のクレヨンで描かせます。

　その後で、空をぬると、雲が浮かび上がってきます。

　何を描けばよいか、迷っている子どもには、試作品を見せてまねをさせてもいいです。

　全員が完成したら、作品を見合います。

　かわいい作品が揃うこと間違いなしです。

子どもの作品

① 対面授業で教えた時の絵

1年生の作品

2年生の作品

② オンライン授業で教えた時の絵

4年生の作品

1年生の作品

6歳児（年長）の作品

3歳児（年少）の作品

2 酒井式「ブレーメンの音楽隊」
（全学年向け）

ダイナミックに動く動物を描こう！

（原実践：酒井臣吾氏）

1　準備物

　絵の具セット、黒画用紙四つ切り、ポスカ（白色）、黒マジック、色マジック（緑色、オレンジ色、茶色、黄緑色）、色紙（水色、ピンク色、黄色、黄緑色）

2　指導計画

　第1幕　ロバを描く
　第2幕　イヌとネコを描く
　第3幕　ニワトリを描く
　第4幕　家を描く
　第5幕　動物を切って貼る

3「ブレーメンの音楽隊」のポイント

　「ブレーメンの音楽隊」の一場面を描きます。ロバの上にイヌ、イヌの上にネコ、ネコの上にニワトリが乗り、一斉に鳴き声を上げます。その瞬間の崩れ落ちそうなバランスを表現します。試行錯誤しながら動物の配置を考えることで、構

成する楽しさを体感できます。黒画用紙に、色とりどりの動物たちが映えた美しい作品が仕上がります。事前に「ブレーメンの音楽隊」のお話を確認しておくことで、より楽しい絵を描くことができます。

第1幕　ロバを描く

① 試作品を見せる

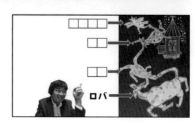

　試作品を見せます。ゴールを示すことで、見通しをもたせます。

　右は、試作品を見せながら何の動物を描くのかを1つ1つ確認しているところです。「家の中にいる泥棒を驚かしている場面」という設定もおさえておきます。

② 色の組み合わせを確認する

　コピー用紙とマジックの色の組み合わせを確認します。

コピー用紙の色	マジックの色
ピンク色	オレンジ色か茶色
黄緑色	緑　色
水　色	緑　色
黄　色	オレンジ色か黄緑色

　下図のようにまとめて提示すると、子どもたちに伝わりやすくなります。

　「コピー用紙とマジックを選んだら、見せてね」と指示し、確認することも大切です。

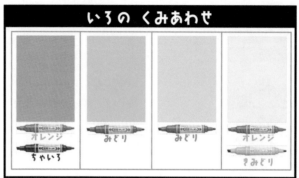

③ ロバの描き方を教える

▶ 動画で確認（3分39秒）
「ロバを描く」

ロバの描き方を教えます。

教師が描いている手元を画面に映しながら説明します。

まず、描いて見せます。用紙の横に、描く順序を示した紙を置いておきます。

「①胴体　②顔　③首　④たてがみ　⑤しっぽ　⑥足」の順に描いていきます。

マジックの太い方を使います。

　　T「まず何を描きますか？」

　　C「胴体です。」

　　T「次に何を描きますか？」

　　C「顔です。」

とやり取りをしながら、描いていきます。描く順序をインプットするためです。

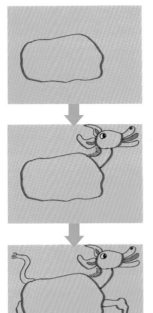

A4のコピー用紙に描きます。

まずは胴体です。ロバは、動物たちの一番下になるので、大きく描きます。ごつごつと大きく描きます。

顔は内向きでも外向きでもかまいません。耳は大きく、長く描きます。目や鼻、舌なども描いていきます。

耳と舌は、オレンジ色のマジックでぬります。

たてがみも描きます。

しっぽの先にはふさふさの毛を描きます。

ロバの脚は、太く短く描きます。

関節をぽこっと描くとロバの脚らしくなります。

関節を曲げて描くと動きが表現できます。

④ ロバを描かせる

　説明後、質問がないかを尋ねてから描かせます。マジックの太い方で、A4の
コピー用紙に描きます。まず、胴体だけを描かせます。必要であれば最初に鉛筆
で薄く描かせてからなぞらせます。

　描けた子どもからカメラに写させて、作品を確認します。このシナリオ1匹目
の動物です。子どもたちはきっと緊張しながら描いています。絵を見て、大いに
褒めてください。

⑤ ロバの彩色を教える

　彩色は絵の具を使います。彩色に使う色は3色です。コピー用紙の色と似てい
る2色と全然違う1色です。

　例えば、上のようにピンク色のコピー用紙に描いたロバであれば、「赤とオレ
ンジ（似ている色）」と「青色（全然違う色）」でぬります。

　似ている色2色をぬるときは、ぐりぐりと丸くぬります。全然違う1色は、ちょ
んちょんと、少しだけぬります。少しだけでもアクセントになり、作品が引き締
まります。ただし、ぬりすぎると、にごってしまうので注意が必要です。

⑥ ロバの彩色をさせる

　まず使う色を選ばせます。パレットに絵の具を出す前に、子どもたちがぬる色
を確認します。選んだ絵の具のチューブをカメラに写させると、確認することが
できます。確認後、彩色を始めます。

第2幕　イヌとネコを描く

▶ 動画で確認（2分50秒）
「イヌを描く」

▶ 動画で確認（2分46秒）
「ネコを描く」

① イヌの描き方、彩色の仕方を教えて、描かせる

　教師が描いている手元を映しながら説明します。

　A4のコピー用紙を半分に切ってから描きます。

　マジックの細い方を使います。コピー用紙は、ロバを描いたコピー用紙とは違う色を選びます。まず、ロバを描いた時と同じように描いて見せます。「①顔　②しっぽ　③胴体　④前足　⑤後ろ足」の順に描いていきます。頭は、右向きでも左向きでもかまいません。丸を描き、口や鼻、目や耳、舌を描いていきます。目の中はポスカの白でぬります。

　次にしっぽと胴体を描きます。胴体は「ぽよーんと描きます」と伝えると、子どもたちに伝わりやすくなります。

　泥棒を驚かそうと大声を出しているところです。足はいろいろな向きに描いて、大きな動きを表現します。思い切って描いた子どもたちを認め、褒めることで、どんどんダイナミックな表現を引き出してください。

　彩色はロバの時と同様のポイントを守ります。

　雑にならないように、あくまでも丁寧に作業を進めていきます。

74

② ネコの描き方、彩色の仕方を教えて、描かせる

　イヌを描いたときと同じように、Ａ４のコピー用紙を半分に切ってから描きます。コピー用紙は、ロバとイヌを描くときに使っていない色を選びます。

　マジックの細い方を使います。「①顔　②しっぽ　③胴体　④前足　⑤後ろ足」の順に描いていきます。

　人間の顔を描き、そこにひげと歯と耳を描き加えれば、ネコの顔になります。向きは自由です。目の中はポスカの白でぬります。

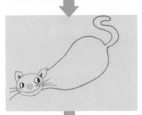

　しっぽは遠くに描き、ぽよーんとつなぎます。どちらもまっすぐに描かず、しなやかに曲げて描きます。

　あえてまっすぐに描いて見せると、その違いが分かり、子どもたちが納得します。

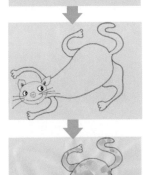

　ネコもイヌと同様、元気いっぱいにのびのびと描き、大きな動きを表現します。大きな動きを描くには勇気が必要です。胴体、しっぽ、前足、後ろ足の向きや形など、子どもたちが思い切って描いたところを見付け、褒めてください。

　彩色のポイントは、これまでと同じです。

　ごしごしこすらず、一発でぬっていくことが大切です。ごしごしとぬってしまうと、色がにごってしまいます。

　これは、子どもたちが描いたネコです。子どもたちが描くネコは本当にチャーミングです。

▶ 動画で確認（3分42秒）
「ニワトリを描く」

　ニワトリは、一番小さく描くので、用紙も小さくします。Ａ４のコピー用紙を
４分の１に切ります。

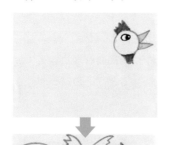

　コピー用紙は、これまでに使っていない色を使います。「①顔　②とさか　③ひげ　④口　⑤胴⑥しっぽ　⑦羽　⑧足」の順に描きます。
　マジックの細い方で描きます。
　まず丸を描き、目を描きます。そして、くちばし、とさか、ひげを描きます。
　とさかとひげはオレンジ色でぬります。
　くちばしは黄色でぬります。

　体はぽよーんと。しっぽと羽は大きく描きます。
　足も動きが出るように大きく広げます。
　「どろぼうをおどろかそうとしている」ということを忘れず、大きな動きを表現します。

　ニワトリの彩色はこれまでとは少し違います。
　先にマジックで模様を描きます。
　次に、その上から白色の絵の具をぬります
　これで、すべての動物がそろいました。

子どもたちが描いたニワトリです。元気いっぱいに描くことができました。

第4幕　家を描く

　黒い四つ切り画用紙に家を描きます。

　まずは描いて見せます。

　「屋根→屋根のかざり→家の土台→階段→窓→家の横の小屋→屋根の模様→家のまわりをぬる→窓をオレンジでぬる」の順に描いていきます。

　黒い画用紙の上の部分に、ポスカの白で描きます。窓を蛍光オレンジでぬると、夜に光る窓のようになります。窓には、マジックで泥棒たちを描きます。家の周りは青でぬり、蛍光の黄色で星を表現します。

　幼児や低学年が描く場合には、家を省略してもかまいません。

第5幕　動物を切って貼る

① 切り方を説明してから切り取らせる

　切って見せながら方法を説明します。以下の5つのことを説明します。

A	はさみの「根元」で切ること
B	紙を動かして切ること
C	まずおおざっぱに切って、次に細かいところを切ること
D	間違って切ってしまっても大丈夫ということ
E	動物を描いた線から1mmほど離して切ること

これらのことを、説明しながらやってみせます。

「切ってしまっても、貼り付ける時につなげば良いから大丈夫だよ。」
と説明します。このような一言があれば、間違えて切ってしまったときに、不安を感じさせないようにできます。説明後、子どもたちにも切り取らせます。

はさみが苦手なお子さんがいる場合にはサポートしてあげることも大切です。

② 貼り方を説明する

家を描いた黒画用紙に動物を貼っていきます。

まずは動物の位置を決めます。まっすぐに重ねるのではなく、1つ1つの動物を「ななめに、ななめに」貼り付けます。

A	ロバ、イヌ、ネコ、ニワトリの順に貼ること
B	今にも崩れ落ちそうになっている瞬間を表現するために、ななめに、ななめに置いていくこと
C	動物と動物は、一箇所はくっつけること
D	位置を決めたら、のりをぬる前に鉛筆で印を付けておくこと

これらのことを教えてから、貼り付けさせます。

一度並べてみた後で、「ああでもない、こうでもない」と試行錯誤することが大切です。そのなかで、構成することの楽しさを体験させます。

③ 位置を決めさせ、貼り付けさせる

位置を決めたら、カメラを画用紙に向けさせて確認します。

上にあげたこと（A～C）ができていれば「合格」とします。

配置が決まった子どもから、鉛筆で印を付けさせます。

そして、黒画用紙に貼り付けさせます。

子どもの作品

6歳児（年長）の作品

2年生の作品

4年生の作品

4年生の作品

3 酒井式「花火を見たよ」
（全学年向け）

黒画用紙に色鮮やかな花火を描こう！

（原実践：酒井臣吾氏）

1　準備物

黒画用紙（八つ切り）、絵の具セット（3号か4号の絵筆3本）、クレヨン

2　指導計画

第1幕　1つめの花火を描く

第2幕　2つめの花火を描く

第3幕　いろいろな花火を描く

第4幕　花火を見ている人物を描く

第5幕　人物を貼る

3　「花火を見たよ」のポイント

1つ1つの線を丁寧に描くことで夜空に広がる花火ができあがります。

花火の線を1本ずつ丁寧に描き続けること、そして花火を見上げる人物を逆さ顔で描くことがポイントです。

幼児から小学生までが熱中するシナリオです。

第1幕　1つめの花火を描く

① 花火を見た経験を尋ねる

T「花火を見たことがある人？」

C「あります！」

T「誰と見ましたか？」

C「家族と見ました。」

T「どこで見ましたか？」

とやり取りをしながら、花火を見た経験を思い起こさせます。その時の気持ちを絵に込めていきます。

② 試作品を見せる

森本　和馬（福井県）

まず、試作品を見せます。

画面いっぱい絵を映します。黒い画用紙に明るい花火が映える作品です。子どもたちは歓声を上げながら試作品に見入ります。

「どんな色を使っているのか」、「どんな形が描いてあるのか」を尋ねながらじっくりと見せていきます。

③ 花火を描くための色を作る

まずは使う絵の具を決めます。

赤色、青色、黄色、緑色のそれぞれに白色を混ぜて色を作ります。

白を混ぜることで、黒画用紙でも色をはっきりと出すことができます。

色作りができた子から、パレットを確認します。「絵の具がしっかり混ざっているか」、「水の量が多すぎないか」などを確認します。カメラにパレットを写させて確認すると、子どもたちも教師も安心して進んでいくことができます。

どの程度白を混ぜるのか、水加減はどの程度か、といったことは教師自身が描いてみて、つかんでおくことが大切です。

④ 花火の描き方をインプットする

▶ 動画で確認（4分5秒）
「1つめの花火を描く」

花火の描き方を教えます。

教師が描いている手元を（カメラで）写しながら説明します。この時に、子ども
たちをしっかりと画面に注目させることが必要です。手に物を持っていないか、
別のところを見ていないかなどを注意して見てください。

最初に花火の中心を決めます。画用紙の真ん中に描かず、左右のどちらかに寄
せて描きます。あとは、その中心から外側に向けて線や点を組み合わせて描いて
いきます。

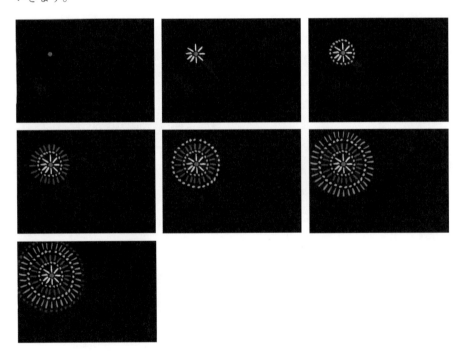

丁寧に描き進め、花火が画用紙からはみ出すまで描いていきます。

「まずは、真ん中のグリグリを描きます。」

「次に、その周りに線を描きます。」

「次は、線の周りにグリグリを描きます。」

というふうに教えていきます。

　描きながら

　Ｔ「○○さん、次は何を描きますか？」

　Ｃ「グリグリです。」

というふうにやり取りをしながら教えることで、子どもたちに描き方をインプットしていきます。

⑤　１つめの花火を描かせる

　まず、画用紙を縦長に使うか、横長に使うかを決めます。

　１つめの花火は慎重に進めていきます。１つめの花火を描けた子から、（カメラに）写させて、確認します。子どもたちの絵の良いところを見付けて褒めます。

　教室での授業であれば、互いの作品を見合うことで自然と交流が始まります。オンライン授業の場合、それぞれが別々の場所で描いているので、何もしなければ、子ども同士のやり取りが生まれません。

　そこで、途中で全員の花火をカメラに写す時間を取ります。作品を見合うことで、互いの良いところを自分の作品に活かすことができます。

第２幕　２つめの花火を描く

▶ 動画で確認（３分４秒）
「２つめの花火を描く」

　２つめの花火は、「変化」を付けて描きます。「高さ」、「大きさ」、「色」などを変えます。迷っている子どもたちがいたら、試作品を映し出しながら「まねをしていいよ」と伝えます。

　黒画用紙にきれいな花火が広がっていくとわくわくします。楽しみながら子どもたちと描き進めてください。

第3幕　いろいろな花火を描く

▶ 動画で確認（4分58秒）
「いろいろな花火を描く」

　試作品を映して、花火のバリエーションを教えます。

　これ以外にも、自分が見たことのある花火などを描いてもいいことを伝えます。
子どもたちは楽しく自分の好きな花火を描きます。

　後で人物を描くので、下の方は空けておくように言います。

　友達同士の絵を見せ合って、参考にしてもいいでしょう。

第4幕　花火を見ている人物を描く

▶ 動画で確認（4分31秒）
「花火を見ている人物を描く」

　花火を見ている自分を描きます。

　まず、黒画用紙の下の方に、ちょうど良い高さに切り取ったコピー用紙をあてます。そのコピー用紙に人物を描いていきます。

　大切なのは描く順序です。

　「①頭 ②胴体 ③手 ④つなぐ ⑤足」の順に描いていきます。

逆さ顔で描くと、花火を見上げる絵にすることができます。

T「まず○を描きます。」

T「鼻を逆さに描きます。」

T「次は目です。目は鼻の上に描きますか、下に描きますか？」

C「下です。」

T「その通り！」

T「次は口。どこに描きますか。」

C「鼻の上に描きます。」

このように、やり取りをしながら、逆さ顔の描き方をインプットしていきます。

続いて、胴体を描きます。

そして、手です。花火を指さしている手や、うちわを持っている手など、好きな形で描きます。手を胴体から遠いところに描くことで、大きな動きを表現できます。腕を描いたら、最後に服を描きます。好きなデザインで描きます。浴衣を描くと、花火大会の雰囲気が出ます。色はクレヨンでぬり、綿棒でこすります。1人目を描いたらハサミで切り取ります。線から1mmほど空けて切り取ります。

はさみの根元で切ること、紙を回して切ることを教えます。カメラをズームして、手元を大きく写すことで、はさみの使い方を詳しく教えることができます。

自分が描けたら、2人目、3人目を描いて切ります。

第5幕　人物を貼る

切り取った人物をどのように貼るかを決めます。

すぐに決めてしまわずに、順番や向きを変えながら、好みの配置を探ります。

位置が決まれば、鉛筆で印を付けてから、のりをぬり、使って貼り付けます。

人物を貼ったら作品の完成です。

6歳児（年長）の作品

1年生の作品

2年生の作品

4年生の作品

1 先生、子ども、家庭のニーズに合わせて動画を活用！
動画を使った絵の教え方

動画の内容

　　本書で紹介する動画は、どれもおよそ左のような流れで作成してあります（③と④については動画によって異なります）一時停止をしたり、繰り返し見たりして、自分に合ったペースで描き進めていくことができます。

動画を見ながら自分のペースで描き進める

　この動画は自宅で学習している子どもたちにおすすめです。

　描いている途中で写真を撮り、クラウドに保存しておくと、先生に途中経過を見てもらえます。先生は子どもたちの絵を見て、褒めたり、アドバイスをしたりすることができます。チャプターごとに「子どもたちの絵を褒めるポイント」を用意してあります。そのポイントを参考に、子どもたちをたくさん褒め、励ましてください。

教室のモニターに映して、ふだんの授業に活用する

　動画を教室のモニターに映し出すことで、ふだんの授業でも活用することができます。動画で描き方やポイントを確認することで、先生も子どもたちも安心して授業を進めていくことができます。

ご家庭で、夏休みの課題に取り組むときのアイデアに…

　夏休み、絵の課題に困っているご家庭にもぴったりです。

　動画を見ながら、お子さんと一緒に楽しく絵を描くのもおすすめです。

　描いた絵に文字を加えるだけで、ポスターにすることもできます。

2 酒井式「巨大シャボン玉」
(中高学年向け)

人物のダイナミックな動きと、色彩の美しさを存分に楽しめるシナリオ

（原実践：酒井臣吾氏）

1　準備物

　白画用紙（四つ切り）、黒マジック、絵の具セット、鉛筆、消しゴム、ポスターカラー絵の具（レッド・イエロー・ウルトラマリンディープ）、ポスカ（水色）

　※ウルトラマリンディープは必要な人のみ。

2　指導計画

　第1幕　シャボン玉で遊ぶ自分を描く
　第2幕　人物に彩色する
　第3幕　シャボン玉を描く
　第4幕　空をぬる
　第5幕　草原を描く

▶ 動画で確認（1分30秒）
「第1幕から第5幕までをダイジェストで確認！」

3　酒井式人物画のポイント

　このシナリオでは「動きのある人物」の描き方を学べます。

　動きを表現するためのポイントは「頭→胴体→手→つなぐ→足→つなぐ」の順に描いていくことです。特に大切なのが「頭と胴体を『くの字』に描くこと」です。さらに「手足を遠くに描くこと」、「遠回りしてつなぐこと」などのポイントもあります。このような描き方に慣れていない子どもたちは、抵抗を感じるかもしれ

ません。思い切って描く勇気が必要です。

　思い切って描いた時、これまでにはないダイナミックな動きを表現することができます。子どもたちを褒めながら進めてください。

第１幕　シャボン玉で遊ぶ自分を描く

 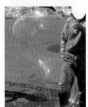

　▶ 動画で確認（３分 38 秒）
　　「シャボン玉で遊ぶ自分を描く」

① 絵を描く前に…

　絵を描く前に、巨大シャボン玉を作って遊ぶことをおすすめします。自分が楽しく遊んだ体験やその時の思いを絵に表すことができるからです。

② 準備物の確認（四つ切り画用紙・鉛筆・黒マジック）

　四つ切り画用紙は厚口のものを用意してください。

　鉛筆は４Ｂがおすすめです。黒マジックがかすれていないか、絵の具は切れていないか、太筆・中筆・細筆があるか、なども確認してください。ポスターカラー絵の具はシャボン玉と空の彩色で使います。

③ 鉛筆で人物のポーズを決める

　まずは、鼻や目などの細かい部分は抜きにして、人物のポーズを決めます。鉛筆で薄く描いていきます。

　大きな動きを表現するために一番大切なことは、頭と胴体を「くの字」につなぐことです。手足を胴体から遠くに描くこと、手と肩、足と腰を遠回りしてつなぐことも大切です。描く順序は「頭→胴体→手→つなぐ→足→つなぐ→服」です。

２人の人物を描く場合には、左右のどちらかに１人目を描きます。

犬などの動物を描く場合も同様です。

④ 黒マジックで人物を描く

　鉛筆で描いた上に、マジックで描いていきます。

　鉛筆で描いた線はあくまでも「仮の線」です。鉛筆の線にこだわらず、描いて

ください。

　巨大シャボン玉をして遊んだ経験があれば、その時の気持ちを思い切り表現し

ましょう。

　腕は肩のあたりから、脚は腰のあたりからつなぐように気を付けてください。

うっかりしていると、胸のあたりから腕が出ていたり、おなかのあたりから脚が

出ていたりする絵になります。

　服の模様は自由です。好きな模様や好きなキャラクターなどを思い切り描いて

ください。

　あくまでも、巨大シャボン玉をして遊んでいる「自分」を描いているというこ

とを忘れずに、楽しく描いてください。

(小５児童の作品)　　　　　　　　　(小５児童の作品)

これらは、児童の作品です。

　動きのある人物の描き方を学ぶことで、このように自由自在に動きを表現することができます。

> **子どもたちの絵を褒めるポイント**
> 子どもたちが描いた顔を見てください。楽しく、そして集中して描くと、どこか描いている本人に似た絵になってきます。
> これからも楽しく描いていけるように、頑張ったところ、良いところを見付けて褒めてください。

第2幕　人物に彩色する

 ▶ 動画で確認（3分47秒）「人物に彩色する」

① 色作りをする

　まず、人物の肌をぬるための色を作ります。

　おすすめは黄土色をベースにした色です。

　パレットの「小さい部屋」に絵の具を出し、「大きい部屋」で色を作ります。

　「黄土色と黄色」、「黄土色と赤」など、他の色と混ぜて、自分に合う色を作ってください。水加減も大切です。水をたっぷりと混ぜて、色を作ります。

② 丁寧にぬる

黒マジックで描いた線を消さないように、丁寧にぬっていきます。そのために、手を画用紙にトンと置いてぬります。手を浮かせてぬると、雑になってしまいます。

ごしごしとこすらず、一発でぬっていくことも大切です。こすってぬると、画用紙が傷んでしまったり、色がにごったりするからです。

根気強く、ゆっくりと進めていきましょう。

③ 服の色と空の色がかぶらないようにする

空の青色とかぶらないように、洋服の色は青色以外でぬります。

服のデザインは自由です。好きな模様や好きなキャラクターなどを楽しく描いてください。

子どもたちの絵を褒めるポイント

彩色には丁寧さが必要です。

色作りや色の組み合わせを工夫することなども大切です。

実態に合わせて、子どもたちの頑張りや工夫を褒めてください。

第3幕　シャボン玉を描く

 ▶ 動画で確認（5分58秒）
「シャボン玉を描く」

① シャボン玉の形を決める

まず、鉛筆でシャボン玉の形を決めます。

シャボン玉の丸みを表現します。大きく膨らんでいるところやへこんでいるところを描きます。

一度描いてから、直したいところがあれば、消しゴムで消して描き直しましょう。大きなシャボン玉の周りに浮かんでいる丸いシャボン玉も描きましょう。

形が決まったら、水色の「ポスカ」でなぞっていきます。

② 絵の具の準備をする

3種類の絵の具を準備します。

蛍光絵の具のレモンとレッド、水彩絵の具の青色です。

蛍光絵の具のレッドは強い色なので、水を多めに混ぜて薄くします。

③ シャボン玉の彩色をする

まず、蛍光レモンをぬります。一番広い部分をぬるのが、この蛍光レモンです。

次に、蛍光レッドをぬります。

最後が青色です。

シャボン玉も、ごしごしとぬらず、一発でぬっていきます。

水色の「ポスカ」で描いたシャボン玉の線からはみ出してもかまいません。

思い切ってぬっていきましょう。

子どもたちの絵を褒めるポイント

シャボン玉の形を大胆に描くこと、筆をごしごしとせず、彩色をすることは子どもたちにとって大変なことです。子どもたちの工夫や努力を認めて褒めてあげてください。

第4幕　空をぬる

▶ 動画で確認（6分21秒）
「空をぬる」

① 画用紙を逆さにする

　まず鉛筆で地面の線を引きます。

　次に画用紙を上下逆さにします。逆さにすることで、絵の具がポタポタと画用紙に落ちることを防ぐことができます。

　右利きの人は左から右へ

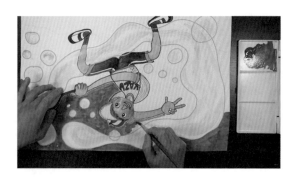

とぬっていきます。左利きの人はその逆です。

② 色作りをする

　水彩絵の具の青色またはポスターカラー（ウルトラマリンディープ）でぬります。シャボン玉の美しさを出すためには、空を濃くぬる必要があります。

　水は少なくして「濃い青」を作るのがオススメです。

③ ぬり方のポイント

　3つのポイントがあります。

　1つめが、シャボン玉の周りのぬり方です。水色のポスカを「半分くらいさわるように」ぬっていきます。シャボン玉の丸みが消えないように、丁寧にぬってください。2つめは、体とシャボン玉を作る「輪」の周りのぬり方です。この場合は、1mmほど間を空けてぬっていきます。3つめは、タッチを残すようにぬることです。筆の跡が残る程度にぬってみてください。

　空をぬることで、一気にシャボン玉の美しさが出てきます。

④ 地面の線との間を空ける

　地面と空との間は5mmほど空けておきます。

子どもたちの絵を褒めるポイント

空をぬることによって、シャボン玉の美しさが際立ちます。完成まであと少し。ここまで頑張ってきたことを褒め、励ましてください。

▶ 動画で確認（6分21秒）
「草原を描く」

① 黄緑をぬる

まず、黄緑色を草原の部分全体に薄くぬっていきます。

その後、空と草原の間を水でぼかしていきます。

② 草を1本ずつ描いていく

緑色、ビリジアン、黄土色などを使って、草原を描いていきます。

草をある程度まとめて描いたら、別の場所にまたまとめて描きます。

それを繰り返していくと、素敵な草原に仕上がります。

子どもたちの絵を褒めるポイント

とうとう完成です。子どもたち1人1人の思いがつまった作品です。

良いところをたくさん見付けてください。

動画の URL とＱＲコード

ダイジェスト	第1幕から第5幕まで	https://youtu.be/H9WRj4mlnZQ
第1幕	シャボン玉で遊ぶ自分を描く <用意する物> ①四つ切り画用紙 ②鉛筆 ③黒マジック	https://youtu.be/fUnuBYUqgVU
第2幕	人物に彩色する <用意する物> ①絵の具セット	https://youtu.be/n6uk5mllFog
第3幕	シャボン玉を描く <用意する物> ①鉛筆 ②ポスカ（水色） ③絵の具セット ④蛍光絵の具（レッド・レモン）	https://youtu.be/QSO4Jf-9pdw
第4幕	空をぬる <用意する物> ①絵の具セット②ポスターカラー （ウルトラマリンディープ） ※必要な人のみ	https://youtu.be/Q2PXlr_9POw
第5幕	草原を描く <用意する物> ①絵の具セット	https://youtu.be/OZkNaF5v-Bl

3 酒井式「木のある風景」
（中高学年向け）

クレヨンと絵の具を使って美しい風景画を描こう

（原実践：酒井臣吾氏）

1　準備物

画用紙（八つ切り）・クレヨン・ネームペン・綿棒・絵の具セット、木の写真、家並みの写真

2　指導計画

第1幕　1本目の木を描く
第2幕　2本目の木を描く
第3幕　家並みを描く
第4幕　草原を描く
第5幕　空をぬる

▶ 動画で確認（1分52秒）
「第1幕から第5幕までをダイジェストで確認！」

3　酒井式風景画のポイント

風景は子どもたちがそのまま描くにはあまりにも複雑です。

どの子も安心して描き進めていくためには手立てが必要です。

酒井式「木のある風景」の場合、まず木だけを描きます。次に家並みを描きます。そこに草原と空を描き加えます。このように描く順序と描き方を明確に教えることで、どの子も安心して描き進めることができます。

「この木に合うのはどんな家かな」

「空は何色にしよう」

などと考えながら自分だけの風景画を描くこともできます。

　風景画の基礎を学べるおすすめのシナリオです。

第1幕　1本目の木を描く

 ▶ 動画で確認（5分41秒）
「1本目の木を描く」

① 準備物の確認（八つ切り画用紙・クレヨン・木の写真・綿棒）

　まずクレヨンの色を選びます。緑色、青色、紫色、こげ茶色から選びます。

　クレヨンがもし汚れていたら、ティッシュでふいてきれいにしてください。

　木の写真も準備します。学校の校庭や家の近くにある木など、子どもたちの身近にある木を選ぶことがポイントです。見覚えのある木にすることで、子どもたちの気持ちがこもった絵になります。

② 木の輪郭を描く

　画用紙の真ん中ではなく、左右どちらかに描きます。

　写真の木をなぞってその形を覚え、その形を画用紙に描き写していきます。

　ただし、写真そっくりに描く必要はありません。曲がっているところや、でこぼこしているところなどは少しばかり大げさに描く方が、返って生き生きとした木になります。

　幹、太い枝、中くらいの枝、細い枝と先にいくにしたがって細くしていくと、木の自然な形になります。

その形を かようしに かきうつします

先にいくにつれて、ほそくしていきます

③ クレヨンで彩色する

　黄色、緑色、深緑色、青色、紫色、茶色、こげ茶色を用意します。自由に色を変えながらぬっていきます。色と色を重ねながらぬることがポイントです。重ねながらぬらないと「まだら模様」になってしまいます。

　クレヨンでぬったところを、綿棒でこすります。木の丸みやでこぼこを表すようにぬると、質感を表すことができます。輪郭線の近くは、くるくるとなじませるようにこすっていきます。美しく彩色がどんどん広がる、楽しい作業です。

めんぼうで こすります

りんかくの 近くは くるくると

④ 葉っぱを描く

　最後に葉っぱを描きます（描かなくてもかまいません）。

　緑色と黄緑色で青々とした葉っぱにしたり、赤色、オレンジ色、黄色で紅葉にしたりできます。数枚の葉っぱをまとめて描き、他の枝にもまた数枚まとめて描きます。これを続けていきます。葉っぱのなかはクレヨンでぬり、綿棒でこすります。

あかや オレンジを ぬっても きれいです

これで、1本目の 木の かんせいです！

子どもたちの絵を褒めるポイント

まっさらな画用紙に、勇気をもって1本の木を描きました。
幹や枝の描き方、色のぬり方など、子どもたちが頑張ったところを見付けて褒めてください。2本目の木につながるように、励ましてください。

第2幕　2本目の木を描く

▶ 動画で確認（3分49秒）
「2本目の木を描く」

① 準備物の確認（八つ切り画用紙・クレヨン・木の写真・綿棒）

　1本目の木を描いた画用紙に続きを描いていきます。

　1本目の木と同じ色のクレヨンを使います。

　写真は1本目の時とは別のものを用意してください。

② 木の輪郭を描く

　2本目も、画用紙の真ん中ではなく、左右どちらかに描きます。

　1本目とは違う写真を用意します。1本目と同じように描いていきます。なぞりながら形を覚え、その形を画用紙に描き写していきます。

　先にいくにしたがって細くなるように描くことが大切です。

　1本目の木とくっつきそうになっても大丈夫です。重なりを表現してみてください。

③ クレヨンで彩色する

　黄色、緑色、深緑色、青色、紫色、茶色、こげ茶色を用意します。

　1本目と同じように、クレヨンと綿棒を使ってぬっていきます。色の変化を楽しみながらぬっていきましょう。ただし、はみ出さないように注意してください。

　作業に慣れてくると、雑になりがちです。しかし、あくまでも丁寧に。最後まで根気強く取り組むことが大切です。

④ 葉っぱを描く

　緑色と黄緑色で青々とした葉っぱにしたり、赤色、オレンジ色、黄色で紅葉にしたりできます。数枚の葉っぱをまとめて描き、他の枝にもまたまとめて描きます。これを続けていきます。葉っぱのなかはクレヨンでぬり、綿棒でこすります。

1まい1まい ていねいに

子どもたちの絵を褒めるポイント

2本目の木も描き上げました。1本目の木よりもさらに良くなったところ、工夫したところを探してみてください。

第3幕　家並みを描く

▶ 動画で確認（3分19秒）
「家並みを描く」

① 準備物の確認（鉛筆・クレヨン・黒マジック・家並みの写真・綿棒）

　２本の木を描いた画用紙に家並みを描きます。

　家並みの写真をなぞり、形を覚えて、画用紙に描き写していきます。家並みが大きく写っている写真を用意してください。

　描く前に、黒マジックのインクがかすれていないか、確認してください。

② 地面の線を引く

　地面の線を鉛筆で薄く描きます。水平に描かないことがポイントです。

　もし、水平に近くなっていたら、修正してください。

　どんな線を引けば良いのか迷ったら、見本作品を参考にしてください。

　鉛筆でうまく引けたらマジックでなぞります。

✘ 水平な線（まっすぐよこにひくせん）

黒マジックでなぞります

③ 家並みの形を描く

　まず、写真の家の形をなぞります。その形を画用紙に描き写していきます。

　家と家とをくっつけて描くことがポイントです。

　あくまでも主役は木です。家並みを大きく描きすぎないように気を付けてください。

　木や電柱、電線なども描くと、ぐっと雰囲気が出てきます。

まず しゃしんの 家を なぞります

となりどうし くっつけて かいていきます

④ クレヨンで彩色する

家並みもクレヨンで彩色していきます。

本物の家のような色でなくてもかまいません。明るい色を自由にぬっていくことがポイントです。

クレヨンでぬったあとは、綿棒でくるくるとこすっていきます。透明感が出て、素敵な仕上がりになります。

色選びに迷ったら、見本作品を参考にしてください。

あかるい色を ぬります

じゆうに 色を ぬって いきましょう

子どもたちの絵を褒めるポイント

「遠近」や「木と家並みとの色合い」などに注目して良いところを見付けてください。

いよいよ完成に近づいてきました。後半もしっかり描き進められるように励ましてください。

第4幕 草原を描く

▶ 動画で確認（4分43秒）
「草原を描く」

① 準備物の確認（黒マジック・クレヨン・綿棒・絵の具セット）

　草原で遊んでいる人物と草原を描きます。

　人物は黒マジックとクレヨンで描きます。

　草原は絵の具で描きます。黄土色、黄緑色、緑色を使います。

② 遊んでいる人物を描く

　草原で遊んでいる人物を描きます。

　「頭→胴体→手→つなぐ→足→つなぐ→服」の順に描いていきます。

　手足を遠くに描き、遠回りしてつなぐと大きな動きを表現できます。

　（「動きのある人物の描き方」テキストを参考にしてください）。

　友達とボールを蹴ったり投げたりしているところ、おにごっこをしているところ等、自由に描いてください。

　ただし、人物を大きく描きすぎないように注意してください。

　人物を小さく描くことで、木の大きさが際立ちます。

あたま→どうたい→手→つなぐ→足→つなぐ→ふく

クレヨンで ぬって めんぼうで こすります

③ 草原を描く

　まず黄土色をぬります。水をたっぷり混ぜて、薄くしてぬります。ごしごしとこすると、画用紙が傷んでしまいます。一発でぬっていくことが大切です。

　全体に黄土色をぬったら、草を描いていきます。

黄緑色や緑色を使います。細い筆で1本1本丁寧に描きます。

こしこし こすらず やさしく ぬりましょう

子どもたちの絵を褒めるポイント
人物を描くと絵に温かみが出ます。
人物の動きや表情、何をしているところか、など子どもたちの工夫を探して
みてください。草原を一生懸命描いたことも立派です。

第5幕　空をぬる

▶ 動画で確認（3分7秒）
「空をぬる」

① 準備物の確認（鉛筆・絵の具セット）

絵の具で空をぬります。太い筆を用意してください。

空をぬればいよいよ完成です。

② 鉛筆で雲を描く

雲の形を鉛筆で薄く描きます。

形が分からないときは見本作品を参考にしてください。

えんぴつで くもを かきます

うすく かいておくだけで だいじょうぶ!

③ 絵の具で彩色する

　まず雲以外の部分をぬります。青色だけにこだわらず、黄色や赤色など、見本作品を参考にして、好きな色をぬってください。水をたっぷりと混ぜて薄い色を作ってください。

　次に雲の部分をぬります。雲の部分も水をたっぷりと混ぜてぬります。

　ごしごしとぬらず、一発でぬることが大切です。

えんぴつで かいた くもの ぶぶんは ぬりません

くもも ごしごし せずに やさしく ぬって いきます

> **子どもたちの絵を褒めるポイント**
> 木や家並み、草原や人物などを組み合わせて1つの風景画を描き切りました。子どもたちが頑張って描いたところ、良いところを見付けて褒めてください。

動画のURLとQRコード

ダイジェスト	**第1幕から第5幕まで**	https://youtu.be/zaFPW1naGxU
第1幕	**1本目の木を描く** <用意する物> ①画用紙（八つ切り）②クレヨン ③綿棒 ④木の写真	https://youtu.be/faM9NDsKNCw
第2幕	**2本目の木を描く** <用意する物> ①クレヨン ②綿棒 ③木の写真	https://youtu.be/hpKJ6kh6dZQ
第3幕	**家並みを描く** <用意する物> ①鉛筆 ②クレヨン ③黒マジック ③家並みの写真 ⑤綿棒	https://youtu.be/e6pHL8tXrsw
第4幕	**草原を描く** <用意する物> ①黒マジック ②クレヨン ③綿棒 ④絵の具セット	https://youtu.be/uVXEOcd7wNl
第5幕	**空をぬる** <用意する物> ①鉛筆 ②絵の具セット	https://youtu.be/ncPFob7HB0o

4 酒井式「恐竜とお散歩」
（低中学年向け）

「切り貼り」で恐竜のダイナミックな動きを表現しよう

（原実践：酒井臣吾氏）

1　準備物

　白画用紙（四つ切り）、黒画用紙、絵の具セット、ポスカ、刷毛、クレヨン、綿棒、鉛筆、のり

2　指導計画

第1幕　空と草原を描く
第2幕　恐竜を描いて切る
第3幕　恐竜を貼って目や口などを描く
第4幕　人物を描いて貼る
第5幕　背景を描く

> ▶ 動画で確認（2分15秒）
> 「第1幕から第5幕までをダイジェストで確認！」

3　酒井式空想画のポイント

　このシナリオについて酒井氏は次のように述べています。

> 「作っているうちに、子どもたちの夢がどんどん拡張していく」（文責・森本）

　「恐竜とお散歩している自分」を想像し、それをわくわくしながら形にしていくことがポイントです。恐竜の動きや模様、恐竜とお散歩をする自分自身など、イメージを広げながら、子どもたちと楽しく進めてください。

▶ 動画で確認（3分24秒）
「空と草原を描く」

① 準備物の確認（四つ切り画用紙・鉛筆・絵の具セット・刷毛）

厚口の四つ切り画用紙を用意してください。

薄い画用紙の場合、絵の具をぬった後で曲がったり、傷んだりすることがあります。刷毛がない場合には、太い筆を用意してください。

② 地面の線や木や雲の場所をおおまかに決める

鉛筆で、地面や木、雲のおおまかな位置を決めます。地面の線は平行にならないように描きます。木や雲の線も鉛筆で、薄く描いておきます。あくまでもおおまかな位置を決めるだけです。薄く描いておきましょう。

③ 刷毛で、草原・空・木々の彩色をする

鉛筆で描いた線に沿って、刷毛で彩色します。

この段階で、木や山、草などを細かく描く必要はありません。もし子どもたちが細かく描こうとしていたら、

「あとでじっくり描けるから今は描かなくていいよ。」

と言ってあげてください。

　刷毛を使うことに慣れていない子どもたちは、慎重になりすぎたり、何度も重ねぬりをしたりします。

　「大丈夫だよ。思い切ってやってごらん。」
と励ましてあげてください。

　色の組み合わせは、黄色と水色に限りません。試作品を参考に、好みの色を選んでください。

> **子どもたちの絵を褒めるポイント**
>
> 大きな画用紙に、刷毛を使って色をぬるには勇気が必要です。
> 思い切って色をぬったことを褒め、自信をもって次に進めるように励ましてください。

第2幕　恐竜を描いて切る

▶ 動画で確認（4分22秒）
　「恐竜を描いて切る」

① 胴体の大きさを決める

　まず、黒画用紙に両手を乗せます。

　胴体の大きさをおおまかに決めるためです。胴体が小さくなると、恐竜の体全体が小さくなってしまうので、思い切って大きくしましょう。

がようしの上に 手を おいて
どう体の 大きさを きめましょう

111

② 恐竜の体を描く

「胴体→頭→首→しっぽ→前足→後ろ足」の順に描いていきます。

ポスカの「太字」を使って大胆に描いていきます。

まず、胴体を大きく描きます。四つ切り画用紙に描くのは勇気が必要です。思い切って描かせてください。小さく描いてしまっても大丈夫です。描いた後で、上から描き直せるからです。

首やしっぽ、足は、しなやかに長く描きます。短く描くと、動きが小さくなってしまいます。後ろ足は太く描くと、どっしりとした印象になります。

口を大きく開くと、あとで、歯を描けるのでおすすめです。

恐竜の体を描き終えたら、各パーツに「印」を書いておきます。

頭のパーツには「あ」、胴体のパーツには「ど」のように書いておきます。

このように描いておけば、後の作業で「このパーツはどの部分だったかな」と困ることはありません。

描き直したい場合には、右上の写真のように、上から重ねて描いてもかまいません。

③ 恐竜の体を切り取る

はさみの根元を使って、画用紙を回しながら切ります。

子どもたちのなかには、はさみの使い方をよく知らなかったり、上手に使えなかったりする子がいます。しっかり教えたいポイントです。

切り取ったパーツは無くすことのないように、袋や封筒等に入れるなどして、まとめておきましょう。

> **子どもたちの絵を褒めるポイント**
> 大きな恐竜を立派に描きました。
> 大きな胴体、しなやかに伸びている胴体やしっぽなど、良いところを見付けて褒めてください。

第3幕　恐竜を貼って目や口などを描く

 ▶ 動画で確認（5分59秒）
「恐竜を貼って目や口などを描く」

① 恐竜のポーズを決める

文字が書いてある方を裏にします。

パーツの位置や向きを変えながら、好きなポーズを決めましょう。

位置や向きを変えるだけで、ポーズががらりと変わります。動画のなかでも、何パターンも紹介していますが、すぐにこれと決めずに、いろいろと試行錯誤して、一番好きなポーズを決めてください。

文字が かいてある ほうを うらに します

パーツの むきを かえると
まったくちがう ポーズに なります

頭の向きや体の向きを大きく変えると、まったく違うポーズになります。

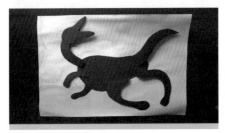

ポーズが決まったら、鉛筆で印を付けます。

印を付けておけば、のりで貼るときに、同じポーズにすることができます。

ポーズが きまったら えんぴつで
しるしを つけます

② 恐竜を画用紙に貼る

机がよごれないように、下に紙を敷いてのりをぬります。

のりをぬったら、画用紙に付けた印に合わせて貼り付けます。

長すぎるパーツがあれば、切り取ってから貼ってもかまいません。

えんぴつで つけた しるしに あわせて
はりつけます

③ 恐竜に目や口などを描く

　まず目を描きます。ポスカの白を使います。白目と黒目の位置に気を付けて描いてください。

　次に歯や口を描きます。口の中はポスカの朱色でぬります。

④ 恐竜にたてがみや大きな爪を描く

　目や歯、口を描きます。たてがみや大きな爪を描くと、恐竜らしくなります。

　子どもたちは大喜びして描きます。

⑤ 恐竜の体に模様を描く

　恐竜の体に好きな模様も描きましょう。ポスカを使って描きます。

> **子どもたちの絵を褒めるポイント**
> 恐竜の動きや形、模様には子どもたちの個性があらわれます。
> 個性たっぷりの子どもたちの恐竜を力強く褒めてください。

▶ 動画で確認（5分19秒）
「人物を描いて貼る」

① 人物を描く

　A4のコピー用紙を8等分した紙を使います。人物を小さく描くことで、恐竜の大きさを引き立たせます。

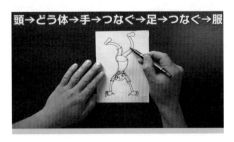

頭→どう体→手→つなぐ→足→つなぐ→服

　「頭→胴体→手→つなぐ→足→つなぐ→服」の順に描きます。

　動画にあるように、頭を下にして胴体を上に描くと、逆立ちした姿勢にすることができます。手足を遠くに描き、遠回りしてつなぐことで、大きな動きを表現することができます。

　黒マジックで描き終えたら、クレヨンで色をぬります。クレヨンでぬり、綿棒で色をのばします。

めんぼうで色をのばしていきます

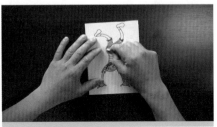

　1人目を描いたあとで、余裕があれば2人目、3人目も描いてみましょう。「動きのある人物のかき方」テキストも参考にしてください。

② 人物を切る

　白いところを1mmほど空けて切り取ります。

　はさみを使うときは、根元で切ります。恐竜を切り取ったときと同じように、はさみを回さず、紙を回しながら切ります。

③ 切り取った人物を貼る

切り取った人物を貼り付けます。

画用紙の上に置き、位置を変えながら好きな貼る位置を決めます。

いろいろと試しながら自分の好きな位置を探してみてください。

貼る場所を決めたら、鉛筆で印を付けます。

印を付けたら、のりで貼り付けます。

子どもたちの絵を褒めるポイント

恐竜の上に、どのように人物を貼り付けているかを見てください。

しっぽにつかまっていたり、背中の上で逆立ちをしていたりするなど、楽しそうに恐竜と関わっている様子を褒めてあげてください。

第5幕　背景を描く

▶ 動画で確認（3分54秒）
「背景を描く」

　以前、背景の描き方について、酒井臣吾氏から次のように教えていただきました。

「びっしりと隙間なく描くのではなく、ここに木があったらいいなと思ったら木を一本だけでもしっかり描くといいですね。こんな花が咲いていたらいいな、こんな小鳥が飛んで来たらいいなとか、を楽しく描きましょう。くれぐれも『描きすぎ』には注意。」（文責・森本）

① 草原の草を描く

細い筆を使って、一本一本草を描いていきます。

丁寧に描き続けることが大切です。

草を 一本一本 かいていきます

色をかえて へんかを つけていきます

② 木を描く

背景にある木や花などを描いていきます。

子どもたちの絵を褒めるポイント

いよいよ完成です。子どもたちが作り上げた楽しい絵を力強く褒めてください。

6歳児（年長）の作品

4年生の作品

動画の URL とＱＲコード

ダイジェスト	**第1幕から第5幕まで**	https://youtu.be/jE5Cjn-xPhY
第1幕	**空と草原を描く** <用意する物> ①四つ切り画用紙（白） ②鉛筆 ③絵の具セット ④刷毛	https://youtu.be/9lVtRXoNL6M
第2幕	**恐竜を描いて切る** <用意する物> ①四つ切り画用紙（黒） ②ポスカ ③はさみ	https://youtu.be/6ikxmiNYleI
第3幕	**恐竜を貼って目や口などを描く** <用意する物> ①空と草原を描いた画用紙 ②のり ③切り取った恐竜 ④ポスカ	https://youtu.be/bI_MB7nv_Jg
第4幕	**人物を描いて貼る** <用意する物> ①恐竜を貼った画用紙 ②コピー用紙 ③黒マジック ④クレヨン ⑤綿棒 ⑥のり	https://youtu.be/-9WHW-funtI
第5幕	**背景を描く** <用意する物> ①恐竜と人物を貼った画用紙 ②絵の具セット	https://youtu.be/edDJfNyW-UY

撮影から編集までを解説！
動画撮影と編集のポイント

必要な機材や撮影、編集のポイントを紹介します

動画撮影のポイント

① 撮影のための機材をそろえる

私の撮影環境をご紹介します。

以下の図にある通り、A～Fの機材を使っています。

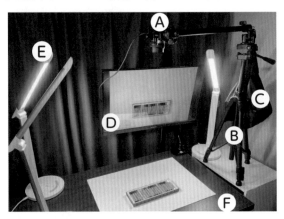

A　カメラ

私は「SONY ミラーレス一眼 α 6100」を使っています。動画撮影だけでなく、同期型授業にも活用できるので重宝しています。

B　三脚＆スライディングアーム

画用紙の真上から撮影するために、三脚とスライディングアームを組み合わせてカメラを固定しています。絵を描く机とは違う台（接していない台）に三脚を立てることが大切です。絵を描く時に生じる揺れがカメラに伝わるのを防ぐためです。

C　重り

三脚を安定させるために重りを付けます。

D　モニター

どのように撮影されているかを確認しながら描いていくために、カメラを大きなモニターにつなげます。後で行う編集作業のことを考えながら、撮影していきます。

E　照明

影で手元が見えにくくならないように、3方向からライトで照らしています。

F　作業台

さまざまな機材があるなかで撮影することになります。

安定した広い作業台が必要です。

② 安定した撮影環境を整える

撮影環境を整えるうえで、私が最も気を付けているのは明るさです。

時間帯によって部屋の明るさが変わらないように遮光カーテンを掛けています。また前述の通り、部屋の照明以外に、3つの方向からライトを当て、影ができることを防いでいます。

③ 構図を決める

まず、「何を写すのか」を決めることが大切です。必要のないものは写さないようにします。何を写すかを決めたら、次にそれらをどのように配置するかを決めます。「木のある風景」撮影時、私は右のように画用紙とパレットを並べました。

④ 写りを確認しながら撮影する

前頁にも紹介した通り、私はモニターで映像を確認しながら撮影しています。リアルタイムで映りを確認して描いていくことで、より良い映像を撮影することができるからです。

⑤ 焦らず、ゆっくりと撮影する

うまく撮影できなかったとしても、編集で補うことができます。

焦らず、ゆっくりと撮影することがポイントです。

動画編集のポイント

① 構成を考える

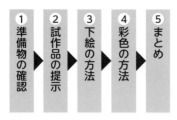

まず、動画全体の構成を考えます。

私は、どの動画もおおむね左のような構成で作成しました。

おおまかな構成を考えておくことで、動画作成をスムーズに行うことができます。

動画を見ながら描くことの利点は、一時停止をしたり、繰り返し見たりすることができることです。動画の冒頭で必ず試作品を提示することにしたのは、困った時に動画の冒頭に戻って、参考にすることができるようにするためです。

② 必要の無い部分をカットする

必要の無い部分を残しておく必要はありません。テンポの良い動画にするために、必要の無い部分はカットします。長すぎる動画は、見るのも大変です。私は、明るくテンポの良い動画にするように心がけています。

③ 繰り返しの部分は早送りにする

同じ作業の繰り返しになる部分は、早送りにすることをおすすめします。私は400％〜700％程度の早送りにしました。

これも、テンポの良い動画にするために必要な作業です。

④ BGMや効果音を使う

動画全体の雰囲気を決めるのがBGMです。明るくテンポの良いBGMを選ぶと楽しい動画になります。注意を引くような効果音を使うことも効果的です。

⑤ テロップを入れる

大切なことは、テロップを入れて示します。

大きな文字で、目立つ色にすると、読みやすくなります。

⑥ ナレーションを入れる

　ナレーションを入れることで、より分かりやすい動画にすることができます。
　明るくテンポの良いナレーションは動画全体を明るく、分かりやすくしてくれます。

⑦ 必要に応じてズームする

　細かな作業を見せるときは、一部分を拡大して見せます。右は、「巨大シャボン玉」の絵の描き方を見せる動画の一部分です。拡大して見せることで、ぬり方がよく分かります。

⑧ 動画編集ソフトの使い方を学ぶ

　私は「Adobe Premiere Pro」を使って動画を編集しています。下は、動画を編集している画面です。YouTube や書籍にも、動画編集ソフトの使い方が紹介されています。

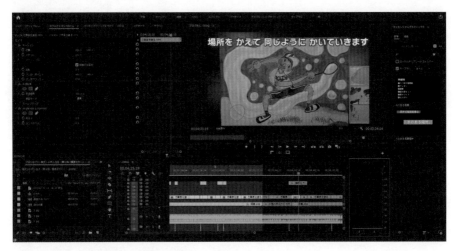

オンライン（同期型）授業に関する よくある質問に答えます

Q1　絵は「対面授業」で教えた方が良いのではないですか？

　たしかに、「対面授業」の方が良いと思える点がいくつもあります。

　例えば、子どもたちの反応や手の動き、絵の進み具合などを、その場で、即座に確認することができる点です。困っている子どもたちに近づいて助言したり、手を持って教えたりできる点も対面授業ならではです。

　しかし一方で「オンライン授業」にも良さはあります。まず、さまざまな事情で学校に来られない子どもたちに絵を教えることができる点です。端末、インターネット回線、画材などの準備は家庭ごとに必要ですが、対面授業だけでは対応できなかった様々なニーズに応えることができます。

　描き方をしっかり見せることができるところも良い点です。酒井式では、描き方をしっかりと教えます。対面授業の場合は、黒板に描いて見せたり、教卓の周りに集めて教師が描いているところを見せたりして教えます。オンライン授業の場合は、教師の手元を映して教えます。どの子にもしっかりと手元を見せられるというところが、オンライン授業の優れている点です。

　対面授業にもオンライン授業にも良い点があります。「どちらの方が良いか」ということではなく、「それぞれの良さを活かすこと」や「どちらの方法でも教えられるようにしておく」ということが大切です。

Q2　オンライン授業では、子ども同士の関わりが少なくなりませんか？

　たしかに、オンライン授業の場合、子ども同士の関わりが少なくなりがちです。そこで、意図的に子ども同士が関わる場面を作り出すことが必要です。

　私は、授業の途中で、(子どもが) 描いた絵をカメラに向けるように指示します。互いの絵を見せ合うためです。子ども同士で感想を言い合ったり、それぞれの良いところを参考にさせたりすることで、交流する機会を作ることができます。

Q3　子どもたちが描いた絵はどのように提出させますか？

　描いた絵を端末で撮影させ、データを提出させます。保存先を指定しておくことで、全員の作品の画像を集めることができます。友達が描いた絵に対して、皆で「コメント」を入れたり「いいね」を押したりすると交流ができます。

　1時間の授業ごとに画像を提出させるのもおすすめです。その画像を見て、アドバイスをすることができるからです。子どもたちはそのアドバイスをもとに、工夫しながら絵を仕上げていくことができます。

Q4　オンライン授業に合っているのはどのようなシナリオですか？

　「比較的短時間で終わる、シンプルなシナリオ」そして「同じような手順を繰り返しながら作品を仕上げていくシナリオ」が適していると私は考えています。本書でご紹介した「花火を見たよ」、「3びきのこぶた」、「ブレーメンの音楽隊」がその例です。どのシナリオも比較的短時間で仕上げることができます。そして、同じような手順を繰り返しながら作品を仕上げていきます。例えば、「3びきの

こぶた」の場合、同じ順序でこぶたを3びき描いていきます（ただし、頭や手足の位置や向きは変化させています）。「花火を見たよ」の花火や「ブレーメンの音楽隊」の動物たちも同様です。

　オンライン授業の場合、子どもたちが困った時に、近くでサポートすることができません。その点を十分に考慮して、オンラインでも子どもたちが混乱せずに描いていけるようなシナリオを選ぶことが必要です。子どもたちの実態に合わせて、ぴったりだと思うシナリオを選んでください。

Q5 オンライン授業で子どもたちを授業に集中させ続けるにはどうすれば良いですか？

オンライン授業では、子どもたちの集中が途切れてしまうことがよくあります。授業に集中させ続けるためには手立てが必要です。3つご紹介します。

1つめは「名前を呼ぶ」です。「〇〇さん、頑張っているね」「〇〇さん、とっても上手です」というふうに名前を付けて話しかけることで、子どもたちに、「しっかり見ているよ」というメッセージを送ることができます。名前を呼ばれることで、子どもたちも緊張感をもって授業に取り組むことができます。

2つめは「作業させる」ということです。オンライン授業の場合、教師の説明が多くなりがちです。教師の説明が多いと、子どもたちは聞くことばかりになってしまい、集中が途切れやすくなります。そこで、子どもたちに作業させる指示を出します。例えば「（画面上の）〇〇を指さしてごらん」、「ミュートを外して〇〇を読みましょう」、「ノートに〇〇を書きます」といった指示です。作業が増えると、子どもたちは授業に積極的に取り組むようになります。

3つめは「褒める」です。子どもたちに作業をさせて、「やらせっぱなし」にしてしまわないということです。子どもたちがしたことをしっかりと確認し、それを褒めることが大切です。笑顔で、目線を送りながら褒めると、効果倍増です。拍手をしたり、「グッドサイン」をしたりしながら褒めるのも効果的です。「指示する→確認する→褒める」というサイクルをテンポ良く繰り返していくことで、子どもたちの授業への集中を保つことができます。

3つとも、対面授業においても大切なポイントですが、集中が途切れやすいオンライン授業では特に意識して行う必要があります。

Q6 オンライン授業にはあまり慣れていません。どんなことに気を付けると良いですか？

子どもたちがどのような環境で授業を受けるかを把握することが大切です。

例えば、子どもたちが使う端末の種類です。スマートフォン、タブレット、パソコンなど、どの端末を使うかによって画面の見え方が大きく異なります。小さな画面で授業を受けている子どもがいるのであれば、その画面の大きさを考慮し

て授業をする必要があります。

　インターネット回線の速度も大切です。通信環境が不安定な場合、授業中に接続が切れることが考えられます。そのような場合に備えて、授業の様子を録画しておくことをおすすめします。接続が切れて授業を受けられなかった子どもに、後で見せることができるからです。

　「音」に気を付けることも大切です。子どもたちは家庭のなかで授業を受けています。家庭では様々な生活音が出ます。音声をオンにしていると、生活音が授業を受けている全員に届くことになります。頻繁に生活音が聞こえると、授業に集中できません。必要に応じて「話す時以外はミュートにしておいてね」、「生活音が入る場合は、ミュートで受けてね」といったルールを設ける必要があります。

【参考文献】
①酒井臣吾（1989）『酒井式描画指導法入門』明治図書
②酒井臣吾（2004）「クリエートする苦しみの中の楽しさ」『授業研究21』2004年8月号　p.13-14
③酒井臣吾（2005）「絶対欠かせない教材研究」『教室ツーウェイ』2005年8月号 p.64
④酒井臣吾（2015）『酒井式描画教材　わくわく絵のれん習ちょう』正進社
⑤酒井臣吾（2015）『酒井式描画指導法・新シナリオ、新技術、新指導法─進化続ける酒井ワールド（絵画指導は酒井式で！パーフェクトガイド）』学芸みらい社
⑥酒井臣吾・片倉信儀（2017）『高学年が描くイベント・行事＝学校中で話題の傑作！題材30選』学芸みらい社

◎著者紹介

森本和馬 （もりもと かずま）

1986年12月　福井県生まれ
2011年 3月　福井大学大学院修了
2011年 6月　青年海外協力隊としてヨルダンに赴任
2015年 4月　福井県内小学校勤務

TOSS福井県副代表
TOSS北陸中央事務局員
若狭教育サークル代表
TOSS越前所属
TOSS酒井式描画指導法研究会越前支部所属

『「図画工作」授業の腕が上がる新法則4～6年生編（学芸みらい社）』、
『教育ツーウェイ NEXT（学芸みらい社）』等、書籍や教育雑誌に原稿を執筆。

子どもが“自分の絵”に大満足！
オンライン図工授業
見ながら描けるシナリオ3＋動画15

GAKUGEI
MIRAISHA

2022年11月20日　初版発行

著　者　森本和馬
発行者　小島直人
発行所　株式会社学芸みらい社
　　　　〒162-0833　東京都新宿区箪笥町31番　箪笥町SKビル3F
　　　　電話番号 03-5227-1266
　　　　https://www.gakugeimirai.jp/
　　　　E-mail : info@gakugeimirai.jp
印刷所・製本所　藤原印刷株式会社
企　画　樋口雅子
校　正　菅　洋子
装丁デザイン・本文組版　小沼孝至

落丁・乱丁本は弊社宛お送りください。送料弊社負担でお取り替えいたします。